智元微库
OPEN MIND

成长也是一种美好

华为管理之道

任正非的
36个管理高频词

邓斌◎著

THE WAY OF
HUAWEI
MANAGEMENT

中国工信出版集团　人民邮电出版社 POSTS & TELECOM PRESS

华为工作法系列

华为管理之道

任正非的
36个管理高频词

邓斌◎著

THE WAY OF
HUAWEI
MANAGEMENT

人民邮电出版社

北京

图书在版编目（CIP）数据

华为管理之道：任正非的36个管理高频词 / 邓斌著
. -- 北京：人民邮电出版社，2019.8
（华为工作法系列）
ISBN 978-7-115-51609-1

Ⅰ．①华… Ⅱ．①邓… Ⅲ．①通信企业－企业管理－
经验－深圳 Ⅳ．①F632.765.3

中国版本图书馆CIP数据核字(2019)第129536号

◆ 　著　　邓　斌
责任编辑　宋　燕
责任印制　周昇亮

◆ 人民邮电出版社出版发行　　北京市丰台区成寿寺路11号
邮编 100164　　电子邮件 315@ptpress.com.cn
网址 https://www.ptpress.com.cn
涿州市京南印刷厂印刷

◆ 开本：720×960　1/16
印张：15　　　　　　　　　　2019年8月第1版
字数：180千字　　　　　　　2025年6月河北第22次印刷

定　价：59.00 元
读者服务热线：（010）67630125　印装质量热线：（010）81055316
反盗版热线：（010）81055315

华为系原高管

也许因为曾经在华为服务 17 年，我不太看市面上的相关书籍，为了给邓斌的书作序，我提前阅读了《华为管理之道》，他写得很好！华为管理之道的核心是以客户为中心，以奋斗者为本。邓斌在这本书中也反复提到了这一点。我引用 16 个字来总结并推荐此书："人心惟危，道心惟微；惟精惟一，允执厥中。"

——杨　蜀　华为原副总裁，深圳刷宝科技和标普云科技的创始人、CEO

"从来才大人，面目不专一"，号称要向华为学习容易，真正能学到华为的精髓其实非常难，因为太多企业只选了单一"面具"，而华为的"面具"是复杂、多面化的。经过 30 余年的迭代后，此"面具"已演进成华为的 DNA：意识到个体的渺小和组织的伟大，是认识的分水岭；认识到人性的"七宗罪"与制度构建的重要性，是管理的必由之路。希望大家在阅读邓斌的《华为管理之道》一书时，能从这个层面理解华为。

——张鹏国　H3C 原副总裁，宇视科技创始人、CEO

邓斌是华友会华为管理研究院执行院长，在华为规划咨询部任职时就致力于华为管理之道的传播，至今累计讲授"华为管理之道"课程超过 300 场。为了造福更多的企业家与企业高管，他将多年的经验集结成书。在这本书中，作者用大量原创的鲜活案例去解读华为的管理，使得复杂的管理浅显易懂，能够让更多的中国企业管理者受益，善莫大焉。

——俞渭华　华为营销干部培训中心原主任，华友会创始会长

知名企业家

产业互联网时代，中国需要大量科技企业的崛起。华为的管理经验为有志于此的公司树立了榜样。仅仅认识华为是不够的，我们还要真正理解华为管理的底层逻辑，这样才能学好、做准。邓斌老师用他在华为的十多年工作体验，以及近 5 年对产业生态构建的深刻探索，为我们展现了华为管理的精髓，匠心独运，值得一读。

——沙　敏　三宝科技集团董事长（香港交易所上市公司）

作为资深原华为人，邓斌跳出华为看华为，对华为的管理跟踪研究超过15 年，常年受邀走进企业给管理层讲授"华为管理之道"，累计数百场，讲授内容原汁原味，充满真知灼见。我很喜欢与他交流、听他分享。如今欣闻他把讲义集结成书，我在此郑重地向企业家和广大读者朋友推荐此书。

——罗瑞发　金溢科技股份董事长（深圳证券交易所上市公司）

邓斌一直从事华为管理的跟踪研究。曾在华为工作 11 年的他，用自己的亲身经历，加上从任正非 30 年来的讲话和邮件中提取的 36 个高频词汇，用上下两篇共计 4 章的内容，为你呈现更加真实的华为管理之道，值得研读！

——龚翼华　九州通医药集团 CEO（上海证券交易所上市公司）

华为是一家伟大的企业，它的发展历程充满中国特色和全球视野。中国企业要想研究华为、学习华为、发展自己，这本《华为管理之道》很值得参考。这本书是邓斌老师多年研究的心血，将华为的管理精髓归纳、提炼，配以大量原创的鲜活案例，非常值得阅读与推荐。

——张蕴蓝　酷特智能总裁

任正非是一位有职业信仰和产业抱负的世界级企业家，其在产业顶层设计上富有前瞻性，"以客户为中心，以奋斗者为本"，在不确定性中主动拥抱未来。在实践中，华为既时时体现战略耐性，又时时体现战术柔性，积极调动企业资源、社会资源、全球资源，进行全球性协同创新发展，加速了科技全球产业化的进程。本书深度剖析了任正非的管理艺术，分享华为成功的本质，让读者"走进"华为，体验华为管理之道。《华为管理之道》是一本值得细读、深读、反复阅读之书。

——郑贵辉　中创集团总裁

著名管理学者

作者从任正非创办华为 30 余年来的讲话和共计 1 000 多万字的总裁办电子邮件内容中，选择最有代表性的 36 个高频词汇作为全书的主线，运用大量原创的鲜活案例去解读这些高频词。本书独立可成篇，连篇可成体，形式新颖，干货满满，值得推荐。

——彭剑锋　《华为基本法》起草组组长，中国人民大学教授、博导

华夏基石管理咨询集团董事长

复盘一家世界级企业"赢"的道理，是一件不容易的事。这本书的视角新颖，用大量原创的鲜活案例去解读任正非历年讲话中最有代表性的 36 个高频词，并且还原了任正非讲话的场景和内涵。在如今市面上关于华为的书籍已经汗牛充栋的情况下，《华为管理之道》独树一帜，值得一读。

——魏　炜　北京大学汇丰商学院管理学教授，"魏朱商业模式"理论创始人

作为 Interbrand 全球 100 强品牌中极少数的中国品牌之一，华为是中国民族品牌的骄傲，值得所有中国企业向它学习。华为的成功之道到底是什么？书享界创始人、华为原中国区规划咨询总监邓斌的这本《华为管理之道》从华为"以客户为中心，以奋斗者为本"的 12 字哲学出发，详细地阐述了华为的经营和管理之道，值得每一位中国企业家和企业高管认真学习！

——郑毓煌　清华大学经济管理学院博士生导师，营创学院院长

《华为管理之道》一书总结并提炼出任正非经营管理思想的精髓和华为成功的本质，能给人带来全新的启发和思考。

——余胜海　财经作家，企业案例研究专家

写华为的书已经很多了，《华为管理之道》有什么特别之处呢？主要有两点：作者的背景有说服力，观察视角独特。邓斌是真正了解华为的人，他在华为任职 11 年，担任过华为企业咨询高管，讲授"华为管理之道"课程超过 300 场。作者选择了最能代表华为的 36 个高频词作为全书的主线，用大量的案例去解读这 36 个高频词，还原了华为管理决策的背景。本书值得一读！

——陈雪频　智慧云创始合伙人，小村资本合伙人

企业家社群 KOL

邓斌把"华为管理之道"概括为 12 个字："以客户为中心，以奋斗者为本。"穿透本质，简洁明了！他认为华为的一切经营管理动作都是围绕"价值管理"展开的，还指出华为之所以能做得如此大、如此强，是因为它适时成功地打通了 3 种销售模式，分别是：To 大 B，To 小 B，To C。外行看热闹，内行看门道，基于在华为的长期任职经历，以及持续的潜心研究，邓斌才能形成如此深刻独到的解读。这是一本不可多得的关于华为管理的庖丁解牛之作，不容错过。

——刘世英　总裁读书会创始人、CEO，

中国企业改革与发展研究会副会长，财经传记作家

邓斌老师给我们广东省企业联合会讲授的"华为管理之道"课程，系统而易懂，学员们反响热烈。如今他把 300 余场授课的精华集结成书，我向关心华为管理的企业家推荐此书。

——孟云娟 广东省企业联合会、广东省企业家协会执行会长

很荣幸提前阅读了邓斌老师的《华为管理之道》，本书的写作角度和方法独树一帜，立意新颖。邓老师通过大量原创的鲜活案例解读任正非历年来的讲话，从"管理之道"到"经营本质"，轻松、精彩地道出了华为成功最重要的原因：最大限度地激活人的潜力和调动人的积极性。邓斌老师专注于华为管理模式的研究和探索，在华为任职 11 年，持续跟踪华为管理实践 15 年，讲授"华为管理之道"课程超过 300 场，他是真正的"华为通"。本书的出版为广大中国民营企业学习华为管理提供了一个全新的窗口。

——郑义林 华董汇创始人，博商会创会秘书长，

蓝狮子中国企业研究院顾问

我和邓斌是好朋友，我们一起拜访过中国的许多独角兽企业、巨无霸企业。他对华为管理的解读让很多企业家感慨：原来真实的华为比朋友圈传说的华为精彩得多。我诚心地向大家推荐这本《华为管理之道》。

——唐 文 氢原子 CEO

华为管理之道的常与非常

道可道，非常道。华为管理之道是常道，又非常道。华为能用 30 年的时间进入世界领先企业之列，任总肯定是最关键的成功要素。企业家不能复制，企业的管理方法却值得总结和学习。

华为的成功来源于两个道。第一个道是选择了一条很长很宽的赛道，就是任总说的信息与通信技术主航道，坚持 30 年不动摇，坚持几十万人对准一个城墙口猛攻，其时间效应巨大。时间是对手最大的敌人，曾经遥不可及的对手都被甩在身后；时间是华为最好的朋友，它让华为从一个胜利走向另一个胜利，并进入无人区——2G 问世、3G 赶超、4G 超越、5G 领先。

第二个道就是管理之道，简而言之就是"以客户为中心，以奋斗者为本"，大道至简。它让华为的胜利之舟在主航道上从必然王国驶向自由王国。其核心是尊重常识、拥抱变化、革新超越并勇于求胜。我们仔细研读华为文化的核心发现，它无处不在地闪耀着常识理性的光辉和革新超越的勇气。比如，不让"雷锋"同志吃亏、坚持批评与自我批评、"以客户为中心，以奋斗者为本"，这些话听起来朴实无华，可是有几家企业能真正做到呢？如同巴菲特所说，常识就是大多数人都应该具备但其实并不具备的认知。

如果学华为文化止步于此，那么多半会掉入齐白石所说的"学我者生，似我者死"的窠臼。进一步看华为文化，你会发现，常识与革新，平实与变化，理性与超越，其实是矛盾的，但是华为就是在这种矛盾中不断反熵增，在抓住主要矛盾和矛盾的主要方面中实现波浪式前进、螺旋式上升。回看华为的发展史，它就是一部在矛盾中的发展史，往往外部困难越大，内部越团结，发展的能量也越大。

任总说，任何一个公司或组织，只要没有新陈代谢，生命就会停止。只要是有生命的活动，就一定会有矛盾和斗争，也一定会有痛苦。任总说，华为30年，没有不困难，只有更困难。华为是为理想而奋斗，不是为物质而奋斗，是为建设让全人类获益的信息社会而奋斗。这种上升到社会层面的企业家精神和修养，才是真正的道的层面。

邓斌在《华为管理之道》中也反复地提到了这些精华。读此书并再次感悟华为管理之道，我不由得想起这句话——"人心惟危，道心惟微；惟精惟一，允执厥中。"

此书问世之际，华为被美国列入实体清单，这不仅是华为的危机，也是全球IT业近年来最大的一次危机。为此，华为启动了备胎计划，众志成城，冷静应对。在希望全球IT业合作共赢、和谐发展的同时，我们相信并祝愿华为历久弥坚，风雨过后见彩虹。

2015 年，我在服务华为 17 年后，开始创业。和华为一样，我也一直践行"科技普惠"的理念。华为的愿景是要让基站信号覆盖到珠穆朗玛峰之巅和非洲沙漠，我们的愿景是要用科技和创新来实现普惠金融和企业的数字化经营。

文化是无边界的，管理之道也是不分企业的，理论结合实践，实事求是，精进无止境。我们的愿景，终将实现。

杨　蜀

华为原副总裁、海外区域总裁，1998–2014 年服务华为

现为刷宝科技和标普云科技两家公司的创始人、CEO

华为管理之道，只有 12 个字

1998 年，IBM 年营业收入 900 亿美元，华为年营业收入不足 60 亿元，由此，华为创始人任正非先生坚定了向 IBM 学习管理的信念。当时，华为内部有各种各样的反对声音，认为 IBM 太大了，华为学不会。任正非严厉地说："现在有多少人有新的想法能超越 IBM 的请举手，不要怕嘛。当你也能产生 900 亿美元的产值时，我们就应该向你学习，我们就不向 IBM 学习。而眼前你没有这个能力，自己学习又不够认真，在没有充分理解时就表明一些东西，你那是在出风头。"时间对所有人都是公平的，时间用在哪里，哪里就会有成效。2019 年 7 月 22 日，《财富》世界 500 强排行榜发布，华为排在第 61 位，IBM 排在第 114 位，华为超越了它的老师 IBM，青出于蓝胜于蓝。世界 500 强排行榜，主要评价指标是年产值，严格来说是"世界 500 大"排行榜，因此可以说：如今的华为，完全可以被称为世界级的大企业！

2018 年 10 月 4 日，全球最大的品牌咨询公司 Interbrand 揭晓"2018

年全球最佳品牌榜单"，华为作为中国企业中唯一的登榜品牌，排名第 68 位，品牌估值达 76 亿美元。排名第 68 位是什么概念？男士们很熟悉的路虎排在第 78 位，法拉利排在第 80 位；女士们很熟悉的蒂芙尼排在第 83 位，迪奥排在第 91 位，博柏利排在第 94 位，普拉达排在第 95 位。这么横向比较起来，是不是更有感觉？这个榜单意味着在全世界范围内尤其是在欧美民众的心目中，"华为"两个字对他们的品质生活已经产生了举足轻重的影响！因此可以说：如今的华为，可称得上是世界级的强企业！

但我想说的是，华为之"牛"，不在于"大"和"强"！华为是全世界唯一一家把 3 种销售模式在同一个品牌下跑通的企业。这 3 种模式分别是：To 大 B，To 小 B，To C。华为的竞争对手爱立信、诺基亚、思科等都没敢这么发展，华为竟然把三者都跑通了，而且都很成功。最让人叫绝的是，华为在做这 3 种商业模式时，用的是同一套人力资源管理模式，这在全世界更是独一无二的案例。管理的核心命题是什么？就是激活人的能力。人性是相通的，对经营环境的变化始终保持高度敏感、洞悉人性的任正非先生，掷地有声地说出"华为不需要历史"，不被"基因论"和"宿命论"绑架，不被过去的成功局限，始终把客户需求和对市场的洞悉作为未来前进的向导，因此华为的发展所向披靡。

我持续跟踪研究华为管理模式长达 15 年（其中在华为任职 11 年），得益于业界众多企业对华为管理模式的持续关注，我和书享界讲师团队经常受邀走进企业和知名大学管理学院的课堂讲授"华为管理之道"课程。截至 2019 年 6 月，我本人讲授这门课程已突破 300 场。如果用一句话来概括"华为管理之道"，大道至简，真的只有 12 个字："以客户为中心，以奋斗者为本"。

以客户为中心，解决价值获取问题；以奋斗者为本，解决价值评价和价值分配问题。企业的一切经营管理围绕"价值管理"展开，多么简单明了的逻辑，简单到我们称之为"常识"！但是，常识的可贵之处恰恰就在于：我们常人都知道，但只有极少人能做到！任正非选择相信这个常识，而且坚持按这个常识行事30余年，这就是他的过人之处。

要复盘一家世界级企业"赢"的道理，实在是太难了！我既没有这个能力，也无意去写一本华为传记，而且如今市面上关于华为的书籍已经汗牛充栋。因此，在这本书中，我想换一个视角与大家分享华为管理之道。我从任正非创办华为30年来的内外讲话和共计1 000多万字的总裁办电子邮件内容中，选择其中最有代表性的36个高频词汇作为全书的主线。这36个高频词大致可以分为两类：管理类和经营类。我根据华为管理的两种用力方向把管理类词汇继续拆解为两类：代表管理拉力的词汇和代表管理推力的词汇。我把经营类词汇也继续拆解为两类：代表经营当下生意的词汇和代表经营未来事业的词汇。本书解析了这36个高频词的提出背景和使用场景，配以大量鲜活的案例和漫画插图，独立可成篇，连篇可成体。企业家朋友可以更自由、更轻松地学习"华为管理之道"。

值得提醒大家的是：我们学习华为的管理，应该重点研修华为管理之"道"，要注意理解当时的场景。因为每一个企业所处的行业赛道、规模、阶段、商业模式、内部体制都不同，所拥有的团队、资金力量也不同，而且不同企业的领导者风格也有很大的差异，脱离场景去学习是没有意义的。

为了让大家更容易理解这一点，我在这里给大家打一个比方：农夫觉得地主家有钱是因为他家牛养得好，就跑去问地主怎么养牛。地主被农夫的诚意打动，就告诉农夫，他引进的是什么牛种，怎么给牛吃草，给牛听什么音乐以促进其消化等。农夫一听很受益，如获至宝，回到家中变卖家产，也按这个法子去搞，结果不久农夫就饿死了。为什么？因为农夫家的那块地是薄田，产出的粮食都不够耕牛吃。他忘了地主家有钱的前提条件是：人家的田地很多且土壤很肥沃，是肥田。只有在肥田耕种，才能收获足够的粮食养牛，才能有余粮拿到集市上去换钱。薄田养牛的逻辑与肥田养牛的逻辑是完全不一样的。我们看领先企业的管理也是如此。我们看华为的管理，不要脱离华为的经营场景，管理和经营是无法切割的，而且管理是第二性，经营是第一性；管理模式再牛，也是为了服务于经营。因此，本书如果能在"道"的层面给大家带来一些触动、启发和反思，结合自己企业的"家底"去做一些改进，我就很欣慰了。

华为是一家团队学习能力超强的企业，不管每年给所在行业交上多么靓丽的成绩单，它总是在不断地吸收不同行业的优秀实践经验，持续改进自身的经营管理，这是华为在实现 7 000 多亿元年营业收入时，年复合增长率依然可以保持在 20% 左右的关键原因。作为这家领先企业的长期研究者，我从未敢放慢脚步，一直用"三天不学习，跟不上华为"来勉励我的团队。

领先的企业，必有领先之道！让我们一起向时代的领先者学习！

邓　斌

书享界创始人、CEO

华为原中国区规划咨询总监，2005–2016 年服务华为

目　录
Contents

上　篇

坚守管理常识
以奋斗者为本

第 1 章

管理的拉力

一线呼唤炮火

赋能一线·导向冲锋

一线呼唤炮火

【任正非语】为了更好地服务客户，我们把"指挥所"建到听得到炮声的地方，把计划预算核算权力、销售决策权力授予一线，让听得见炮声的人来决策。打不打仗，客户决定；怎么打仗，前方说了算。由前线指挥后方，而不是后方指挥前线。

资料来源：任正非在英国代表处的讲话纪要，2007。

在华为，一线市场部门为了拿到大单，当人力不足时，它们会向机关要专家进行项目支持或要资源进行交付等，这被形象地称为"一线呼唤炮火"。为了"让听得见炮声的人呼唤炮火"，任正非在华为内部流程和组织设计方面花了很多心思，由此取得了让业界惊叹的成效，我在这里举3个小例子。

第一个案例是称谓的改变。

任正非要求：深圳总部只能被称为"机关"，不能被称为"总部"。随着企业的不断成长，有些站对行业风口的企业最终会成为集团型企业。你会发现，屁股坐在集团总部的人，满满的自豪感，他会认为决策权在总部，那些在市场一线的人只能听总部指挥在外卖命。一旦有了这个想法，他怎么会有服务一线的精神和欲望？集团总部怎么能成为服务型总部呢？任正非认为，华为"家里没有矿"，所有的价值都是客户创造的，只有大家愿意到一线贴近客户，华为才有可持续发展的未来，因此必须给予一线足够的权力，二线只能是服务一线的"机关"，二线员工不能高高在上、对一线员工指手画脚，不要称自己是"总部"人员。这就在心理上把后端的自豪感打掉了。

另外，在称谓的正式化程度方面，华为也花了很多心思。什么叫称谓的正式化程度？"董事长""总经理""总裁""总监"等称谓是正式化程度比较高的称谓；"接口人""主管""经理""负责人""专员"等称谓是正式化程度比较低的称谓。如果你留心就会发现，很多公司二线人员的称谓正式化程度比较高，一线人员的称谓正式化程度比较低，这就导致一个现象：一线的金牌销售王主管回到二线开会，遇到财经管理部的李总裁，他的腰会不自觉地弯下来，叫一声"李总好"。为什么？因为"王主管"在称谓上低于"李总裁"。同时，他内心盘算着一件事：尽快回到二线当主管，别在一线打市场。当公司形成这样的氛围，所有人都想往后端走，一线怎么会有优秀的人才？没有优秀的人才，一线怎么做出创新的业绩？产生这些问题的根源是我们的机制设计根本不是导向冲锋、导向未来，而是权力在哪，人才就在哪里。

华为在称谓上的设计很有意思：同等岗位，默认一线比二线高出半级到一级；一线人员的称谓正式化程度普遍比较高，二线人员的称谓正式化程度普遍比较低。业界传闻，华为的"总"很多，这是怎么来的？一线的片区联席会议负责人是"总"，地区部负责人是"总"，各个国家的业务代表是"总"，代表下面负责客户、产品解决方案、服务、渠道的人也是"总"，华为就是要提升一线人员的称谓正式化程度。二线人员的称谓则比较简单，最典型的称谓是"部长"，如果你在华为深圳坂田基地或华为东莞松山湖基地听到华为某位后端的主管被称为"部长"，你不要小看他，他可能管理着 5 000 人甚至上万人，他只是在称谓上被称为"部长"而已。经过这个设计后，有意思的现象出现了：每年华为市场大会，那些一线的"总"回到华为基地，遇到二线的"部长"们，比如西非地区部陈总遇到备件管理部赵部长，赵部长的腰就会自觉地弯下来，叫一声"陈总好"。陈总的自我感觉也很好，感觉在这家公司有地位，回到一线后会和员工们说："这次我回基地开会，公司对咱们还是很厚道的，家里很多人靠着我们打'粮食'，还得靠咱们养着，大家能者多劳，多加把劲儿。"这就是称谓正式化程度的心理暗示。当然，任正非也不玩虚的，在真金白银"分蛋糕"时确实会向一线员工大力倾斜，没有让一线员工吃亏，这才形成"能者多劳，劳者多得"的局面。从这个案例中我们学习到一点：一个优秀的组织必须在机制层面确保最优秀的人愿意去一线。

第二个案例是关于华为流程变革的方向。

华为认为，流程变革必须以客户为起点，以一线为中心，从一线开始往回梳理。流程变革必须以有成功业务实践经验的一线干部为主，流程专家为辅，聚焦主业务流，从业务一线展开，流程的流向由"推"改为"拉"，让一线有足够的权力。业界有很多公司搞流程推行，重在"推"，任正非认为"推"会产生很多滥竽充数的现象。他说："华为管理组织的目标是流程化组织建设，建立'推拉结合，以拉为主'的流程化组织和运作体系。过去的组织运作机制是'推'的机制，现在我们要将其逐步转换到'拉'的机制上去。推的时候，是总部权威的强大发动机在推，一些无用的流程、不出力的岗位，是看不清的。拉的时候，看到哪一根绳子不受力，就将它剪去，连在这根绳子上的部门及人员一并减去，让他们全都到后备队去，这样的话，组织效率就会有较大的提升。"多形象的比喻啊。流程管理的本质是什么？就是人与事匹配的关系。同样的力，用力的方向不同，结果就不同。

第三个案例是关于"赋能"。

1911 年，泰勒提出"科学管理理论"，百年间，人们对"管理"里装什么东西有过很多轮的讨论。在工业时代，人们在"管理"里装了一个词：管控，英文是"control"。在那个时代，社会的发展节奏比较慢，企业只要按节奏一步一步管控，就能得到想要的结果。到了数字化时代，环境变化太快了，按计划一步一步去做，全部流程走完，可能还是得不到预期的结果，因为环境变化比你的计划快，按部就班地实施计划就是"刻舟求剑"，这时的解决之道是员工要具备创造性解决问题的能力。员工怎么才能具备这个能力呢？答案是：组织赋予他这个能力。因此，近 10 年来，人们在"管理"里装了另外一个词：赋能，英文是"enable"。我在讲授"华为管理之道"课程的时候经常强调：如果员工本身就"能"，则不需要组织去"赋"，正是由于他"不能"，才需要借助组织的力量。在组织的支持下，他可以成事，这样才能显示"组织"的价值、意义和存在感。

我认为最能体现华为对"赋能"的认知的一个案例是：组织赋予一个职级 13 级的年轻员工"呼唤"职级 21 级机关干部的权力。13 级是什么概念？在华为，一名通过校园招聘进入华为的研究生，工作满一年，没有犯错误，他的职级就可以默认调为 13 级（12 级及以下叫作"操作岗"），这是华为知识型员工的起点职级。21 级是什么概念？这在华为算是一个挺高的职级，没为华为持续做出卓越贡献，没经历 16～18 年的历练，很难达到这个级别。但是，一个 13 级的一线"小毛孩"，因为需要项目资源，可以在三更半夜拨打机关里一个他不认识的 21 级干部的电话，而且对方还得接这个电话，这就是组织在机制层面的"赋能"。

任何一家优秀的公司都有独特的企业文化，有些文化体现在公司的"内部黑话"中。华为也不例外，也有自己的"内部黑话"。曾经有人在华为内网"心声社区"评选最具华为特色的"内部黑话"，最终"Welcome to join the conference"这句话得票最多。因为华为人在全球开展业务，一线和后端沟通只能通过越洋电话会议，"Welcome to join the conference"是华为电话会议中的第一句话。华为人听这句话几乎都听到耳朵长茧了。华为一线的很多电话会议往往没有足够的时间提前通知你，当你接到了一个电话号码是"0755-28780808"或类似号码的来电时，就知道是有会议要开了。接听之后，会议系统报出的第一句话就是这句话，然后你输入自己的华为工号，一线会议召集者再和你说明是哪个地区部的项目需要求助你的部门。华为的电话会议很有意思，往往开始时有 3 个人在开电话会议，两小时后，当电话会议结束时，在线的可能已经有 12 个人了。为什么？一线向你的部门求助，你说只能提供部分资源，其他资源还需要某某部门配合，于是一线会议召集者会把你说的那个部门的负责人也"拉上线"[⊖]，当下就把资源确定下来。说到这里还没完，更绝的是，当这个电话会议快结束时，一线这个 13 级的"小毛孩"会说："感谢家里各位兄弟的支持，我稍后写一份纪要，抄送给各位，大家明早回到部门，就把资源落实一下。"在华为，有一个不成文的规则：会议纪要具有法律效力，电子邮件就是命令（mail is order）。在业界很多公司，

⊖ 华为内部用的术语，表示用电话会议系统把这个人呼进电话会议中来。

只要董事长没签字，会议纪要就很难执行。在华为，任正非说："我也不知道一线要多少资源合适，只能让听得见炮声的人呼唤炮火，因为他离客户最近，大家先听他的，选择先相信他，我们事后复盘时发现浪费弹药了，再'秋后算账'、总结经验就好。"是谁赋予一个13级的年轻员工这样的指挥权？是组织！

我通过这3个案例，让大家理解华为是如何"让听得见炮声的人呼唤炮火"的。呼唤炮火可能会出现很多问题，比如机关压着资源不放手，不把有效火力投到重点项目、重要客户上，或者谁叫的声音大，火力就投给谁，或者投放的弹药量不足以赢得战争的胜利；反过来，一线可能会夸大资源需求，明明只需要5个专家，却向机关申请8个。这些管理问题都可能给华为增加成本，或者使华为蒙受较大的经济损失。但近些年，华为提出决策前移，让听得见炮声的人来呼唤炮火，不断总结和复盘，总体上有效支撑了华为在全球的快速扩张，值得我们借鉴参考。

干部四力

用人坚持"三最佳"原则·给火车头加满油

华为干部四力

【任正非语】我们通过对干部标准的归纳、总结、评价，得出有素质的干部应具备一些特质。有素质的干部归纳起来有以下 3 种类型。

第一种类型：具有较强的决断能力，决断的程序正确，而且决断的结果很好，将来就是各级管理团队的"一把手"。

第二种类型：有正确的执行能力，这些人可以成为副职。

第三种类型：有准确的理解能力，这些人可以成为机关干部。

如果以上 3 个能力都不具备，他就需要努力学习；如果努力学习还不行，他就该回家了。

资料来源：黄卫伟. 以奋斗者为本 [M]. 北京：中信出版社，2018.

2019 年 5 月 5 日，任正非亲自签发、以总裁办电子邮件的形式转发了《管理新视野》的一篇文章，要求华为全体员工学习这篇文章。这篇文章的标题是《任正非谈管理：正职 5 能力，副职 3 要求，华为接班人，就要这么选》，文章内容基于《华为基本法》起草者之一、华为首席管理科学家黄卫伟教授的提炼，结合"华为干部四力"做了延展，写得很通透。文章中所谈的"正职 5 能力，副职 3 要求"，不仅适用于华为的管理者，也适用于所有企业的高级管理者。

任正非认为人无完人，用人要遵从"三最佳"原则：让人才在最佳的岗位上，在最佳的时间段，做出最佳的贡献和得到合理的回报。需要注意的是，正职和副职有着完全不同的能力模型。华为是一个以市场为导向的公司，在市场部门，主张"正副搭档计划"。正职为主，副职为辅，这两个关键岗位的优势能力差异很大。因此，任正非对这两个关键岗位做了不同的要求。

华为正职的能力与要求。

（1）正职必须具有战略洞察能力与决断力，要敢于进攻。文质彬彬、温良恭俭让，事无巨细、眉毛胡子一把抓而且越抓越细的人，是不适合做正职的。正职的能力关键体现在行动上。

（2）正职必须清晰地理解公司的战略方向，对工作有周密的策划。清晰的方向与周密的策划并不矛盾。

（3）正职必须有决心，有意志，有毅力，富有自我牺牲精神。

（4）正职必须具备带领团队的领导力，不断实现新的突破，不做孤胆英雄。

（5）评价正职时，不一定要以战利品来评价，应对其在关键事件中表现出的领导能力给予关注。

华为副职的能力与要求。

（1）副职至少要精于管理。大大咧咧的人不适合做副职。

（2）副职通过精细化管理实现突破后，要能精耕细作，具备正确的执行力，实施组织意图。

（3）机关副职要逐步由具有成功实践经验的职业经理人来担任。

概括下来，正职（"一把手"）最重要的能力素质是决断力，副职（"二把手"）最重要的能力素质是执行力。前面谈到，这只是前端市场部门的要求，华为更强调整体作战能力，要求前后端对齐、拉通"作战"，因此对后端机关干部也有一个非常关键的能力素质要求，那就是：理解力。

为什么华为对机关干部的理解力要求这么高？因为华为是全球经营的公司，很多沟通都无法面对面进行，只能通过越洋电话会议完成。为了"让听得见炮声的人呼唤炮火"，华为的"作战指挥所"建在一线，一线经常十万火急地向后端机关部门呼唤"炮火"支援。如果一线呼唤"轰炸机"，后端理解成"大炮"；一线呼唤"坦克连"，后端理解成"汽车连"；一线好不容易呼唤来合适的"机枪"，"弹药"型号却对不上、装不进去……如果诸如此类的事情屡屡发生，一线不知道有多少员工要当"炮灰"。因此，华为要求机关干部必须理解"作战"场景，要有超强的理解力，甚至在员工还没意识到下一步"战情"会是什么样的时候，机关就能有预见性地给出超配的"弹药量"，确保一线"作战"不受影响。你能想象一个没有游过泳的人指导别人游泳吗？一个没有实践经验的人，怎么能指导他人呢？只有实践才能出真知。因此，任正非要求外聘具有成功实践经验的职业经理人来担任华为机关干部的二把手，但机关干部的一把手必须是从海外主要业务一线回来的，只有这样，机关干部才能正确理解一线的"战情"和需求。

除了对业务一把手强调"决断力"，业务二把手强调"执行力"，后端机关干部强调"理解力"，华为要求所有干部必须具备"与人的连接力"。我在华为工作时的一个深刻体会是，一个电子流[⊖]，如果当事人没有主动去推动，别人会认为这个电子流不太重要，处理优先级就会下降，导致很长一段时间

⊖ 华为特色词汇，是华为人对待办流程的称呼。

流程都可能没有闭环。为了杜绝这种现象，华为形成了一个华为特色的词汇"催一催电子流"，意思就是流程发起人主动打电话或发邮件给流程当前节点的相关责任人，催促对方尽快处理。同样一个流程，会"催"的可能3天就闭环，不会"催"的可能两周或一个月都没有闭环。这就意味着：要想在华为生存下来，每一个人都必须具备与人的连接力。

所谓能力，就是干部持续取得高绩效的关键成功要素。以上四种能力（决断力、理解力、执行力、与人的连接力），可以概括为华为"干部四力"。"干部四力"是华为对干部核心能力的期望和要求，它指导干部未来获取可持续的成功。为了让大家理解这四种能力，在这里，我把"干部四力"的要求展开来讲述一下。

1. 决断力

- 战略思维：洞察市场、商业和技术规律，善于抓住主要矛盾及矛盾的主要方面。
- 战略风险承担：在风险可控的范围内，抓住机会，勇于开拓，敢于决策和承担责任。

2. 执行力

- 目标结果导向：有强烈的目标感，有计划、有策略、有监控，在问题和障碍面前不放弃，不断挑战并超越自我，在资源和时间的约束下出色地完成工作任务。
- 组织发展：组织运作、能力建设与持续改进，通过流程建设（一致性）、方法建设（有效性）和资源建设（人、平台），构建可持续性，提升组织建设能力。

- 激励与发展团队：激励团队斗志，帮助他人成长，对人才充满热情。
- 跨部门协作：跨部门协作、协调与推动。

3. 理解力

- 商业敏感/技术理解：对商业敏感，理解业务的本质，洞悉业务的技术。
- 跨文化融合：理解文化，了解和尊重文化差异，积极融合不同文化，求同存异，让不同文化背景的人成为同路人。
- 横向思维：理解环境，有横向思维。

4. 与人的连接力

- 开放性：人际交往方面具有开放性，光明磊落。
- 与客户建立伙伴关系：善于与客户打成一片，始终保持谦虚的态度，积极探索、及时响应，引导、满足客户与伙伴的需求，建立基于信任的双赢关系。
- 协调、识大体：避免"非黑即白"，当出现问题时，在坚持方向和原则的前提下，顾全大局、合理退让，寻求在迂回中前进。

任正非说："人才不是华为的核心竞争力，对人才进行管理的能力才是华为的核心竞争力。20多年来，我最重要的工作就是选人用人、分钱分权。把人才用好了，把干部管好了，把钱和权分好了，很多管理问题就都解决了。"

在华为干部评议信息表中，华为会参照"干部四力"的 12 项要素，对干部的能力进行滚动评估，评估结果将干部分为强、中、弱 3 类。同时，成功的实践经验是对干部能力的验证，华为会对干部的实际经验做出评估，评估项目包括：人员管理、培育客户关系、跨职能／业务经验、海外业务经验、担当盈亏、担当重任、营造外部环境、业务整合、开创性经验、建立及维护合作伙伴关系、项目管理、技术岗位工作经验等，每个项目的评估选项都包含丰富、中等、基本、无 4 个。经过滚动的提拔和淘汰，华为实现了人才全球盘点、全球调度的目标，以高密度的人才储备出色地支撑着全球经营任务。

"少将连长"

田忌赛马·人才激活

"少将连长"

【任正非语】在试点国家（市场），代表处的代表应该高配，可以高于地区部总裁。我们原来说"少将连长"，为什么一定要"少将"呢？如果能力不足，一放权就会出大问题。我们可以换个"上将"去当代表，取得成果就有机会做"总参谋长"；派一个"中将"去系统部；派一个"少将"去做项目经理。这样全部"重兵"压过去，改革出一个样板来，我们就能在全球推广。

资料来源：任正非在"合同在代表处审结"工作汇报会上的讲话，电邮讲话［2017］106号，2017年8月29日。

任正非是军人出身，比较认可军队的组织模式和运作机制，他曾多次号召华为18万员工学习军队的管理方式。在崛起过程中，华为通过建立项目型组织，使团队具备像军队般的集成能力及快速作战能力；通过各个小团队灵活、敏捷的运作，推动了整个公司业务的持续增长。

从这个角度来看，在华为的管理文件和总裁办电子邮件中，高频次出现与军队有关的术语也就可以理解了。在任正非近几年的讲话中，他多次提到"少将连长"这个词，这是华为为了长远生存敢于打破职级平衡、激发活力、去除自身大公司病的一种提法。任正非说："少将有两种，一是少将同志当了连长，二是连长配了个少将衔。"据此，我们可以判断，华为出现"少将连长"有以下两个原因。

第一，"少将当连长"，也就是华为高级干部下到基层当主管，带领小团队冲锋陷阵，充当尖兵；或者作为重装旅专家，飞到一线协调指挥重大项目、建立高层客户关系、建设商业生态环境，充分发挥公司老将的优势。

第二，"连长配了个少将衔"，也就是提高一线人员的级别，一线基层主管因为卓越表现而被破格提拔，职级、待遇等达到了很高的水准。这样就会引导更多的优秀人才愿意长期奋斗在一线，让公司最优秀的人直接服务客户，从而创造更大的价值。

为了让大家透彻地理解华为的"少将连长"，在这里，我从以下4点展开论述。

第一，华为试点"少将连长"。任正非希望干部不光有攻山头的勇气，还要总揽全局、胸有战略，因此，华为有了"少将连长"的提法。为什么不叫"少校"？这只是一个形容词，是故意夸大的说法，便于大家重视这个问题，并不是指真正的"少将"。这种提法实际上是公司按照员工面对项目的价值与难度以及产生的价值与做出的贡献，合理配置管理团队及专家团队的一种操作理念。企业传统金字塔的最底层，即直接创造价值的群体，其级别往往最低，但他们恰恰是当企业面对客户高管团队、面对复杂项目、面对极端困难时突破的着力点。很明显，很多公司赋予他们的能量是不够的。华为通过"少将连长"，用"田忌赛马"的策略，在一些小国市场和区域市场上提供更优质的服务，不打价格战。因为小国市场可能总共就几十个或几百个基站，打价格战没有用。华为踏踏实实地改善服务、改善功能，把"少将连长"派过去，同样的基站服务，华为的能力比竞争对手强，能让客户受益，客户自然就会选择华为。

第二，"少将连长"也是华为人才流动的模式。它激发了员工的聪明才智，让员工快速响应市场和客户的需求，提升整个组织为客户创造价值的能力。在某些战略机会点上，华为打破僵化的体制，灵活配置管理者。关于这一点，你可以这样理解，他们就像一个"参谋团"，根据需要派去一批人，帮助一线"打仗"和决策。"参谋团"里有"排长""连长""师长""军长""集团军司令"和"大军区司令"，这些"军事顾问"在一个"大战场"里"作战"，这样，组织就拥有一个灵活、机动和可调动的力量。把"少将连长"从"前线"调到"参谋团"临时工作一年左右的时间，不降职级和薪酬，但是一年后还得让"少将连长"重返"前线"；如果不准备让他重返"前线"，就给他重新定级后转专家岗。他在"前线"是"少将连长"，回到机关，就是"中尉"。通过这样的方式，华为让一线员工的能力不固化、不板结，而是在开放的、循环的过程中全面成长。

第三，业界有很多企业学华为，其中德邦快递花了 3 000 万元学华为。德邦快递董事长崔维星在 2019 年 5 月复盘时说："我们花 3 000 万元学华为，一个主要的内容就是训战，教我们怎么开发客户，怎样分析客户，每个部门有什么问题，开发客户之前应该怎么做……"他总结了一下就是：华为重能力、看效益。他看到了本质。华为之所以允许具有"少将"能力的人去当"连长"，有一个前提就是，那片"战场"必须有盈利。对于这样的"福利"，华为都是从有效益、能养高级别专家和干部的代表处开始改革，"优质资源向优质客户倾斜"。只有从优质客户那里赚到更多的钱，才能提高优质队伍的级别配置，否则钱从哪里来？这一点大家一定要看明白。

第四，华为试点"少将连长"的做法也是为了加大专业技术领域领军人物的待遇。专家是一家公司应对不确定性的关键力量，尤其是华为走向行业领导者的位置后，面对越来越多的新业务，专家的价值也会越来越大。随着技术的飞速进步，行政管理者要减少，专家要增多。华为给专家赋权，职级和待遇匹配其贡献，引导专家在领域内持续深入钻研。专家的职级可以高于业务主管，两者之间的关系就如现代军队的"军官"和"士官"，让专家愿意当"兵王"。任正非说："我们要重视专业技术的领军人物，领军人物就要有'少将'军衔。做出突出贡献的首席单板专家、软件首席程序员能否提到23级？可能不能一次提到23级，但可以先提到20级。你有几百个单板专家，那就是有几百个'少将'。提高领军人物的职级，我们就有了一群'少将连长'，他们可以影响更大的一群人，这样会继续出来一大批'少将连长'。首席专家要有任期制，3年一任期，期满复核，能上能下。让做得好的专家获得发展，激活我们的专家队伍。有经验的专家可以做'博导'，要给导师合理的地位、权力与责任，让他们辅导新员工、新主管、新专家，起到传帮带的作用。"

我们从以上4个方面理解"少将连长"会比较全面。

试点"少将连长"，说易行难。因为这既涉及上级组织对他们的授权、信任、责权对等，也涉及考核评价，真正识别优秀"连长"的贡献，然后给予他们相应的待遇。如何才能让"少将连长"大量涌现，涉及具体政策的调整、优化，考验华为的干部选拔、考核、薪酬等制度能否支撑。华为不乏职位能上能下、工资能高能低的基因和优秀的历史传统，但现实中也有不少部门在走向僵化、固化甚至封闭，尤其在平稳发展的市场、区域或业务领域，表现得更为明显。在严密的职级薪酬框架限定下，即便是"骨干""英雄"，要升一级也得在框架里熬上几年，更不要说普通员工了。在这里，我举一个案例，任正非在华为内部多次说过给予华为董事会高管"破格提名权"的事："我们给每个轮值 CEO 每年 50 个破格提名权"，"没有限制片总（片区联席会议主席）的提名数量"。但实际破格提名的名额使用得很少，因为针对每一个被破格提名者，相关 CEO 都要承担人才被提拔后的成长风险，这从一个侧面反映了"少将连长"的出现是多么不容易。

将军是打出来的

猛将必发于卒伍·宰相必起于州郡

将军是打出来的

【任正非语】我们要培养起一大群敢于抢滩登陆的勇士，这些人会不断激活我们的组织与干部体制。尽管抢滩的队伍不担负纵深发展的任务，但干部成长后，也会成为纵深发展的战役家。只有敢于胜利，才能善于胜利。"猛将必发于卒伍，宰相必起于州郡"。我们各级部门，要善于从成功的实践者中选拔干部。没有基层实践经验的干部，需要补上这一课，不然难以担起重任。

资料来源：《让青春的火花，点燃无愧无悔的人生》，任正非在无线产品线奋斗大会上的讲话纪要，电邮文号［2008］07号，2008年5月31日。

"猛将必发于卒伍，宰相必起于州郡"这一句古语，出自战国时期著名思想家、法家主要代表人物韩非子的《韩非子·显学》，这是韩非子关于选拔官员的名言。挑选国家的文臣武将，特别是高层级的官员和将领时，韩非子强调一定要从有基层工作经验的人群中选拔，否则，官员和将领处理实际政务、领兵作战时就很可能纸上谈兵，耽误国家大事，影响社稷安危。

任正非从来都坚持"将军是打出来的"，他把这句古语作为华为干部选拔与配备的基本指导原则。

如果有人想研究中国企业知识型员工的管理之道，华为一定是一个很好的范本。这个范本足够大，18.8万人，很多是985/211高校毕业的优秀学子。他们进入华为之后，都把在校取得的各种成绩放下，把硕士、博士之类的高学历也放下，从基层干起。几年的时间内，任正非把这群文质彬彬的"秀才"改造成指东打东、指西打西的"战士"，这是华为文化的巨大威力。

能加入华为的人，整体的"底子"都是挺不错的。但人需事上磨，能说和能做是两个境界。因此，华为在选拔干部时，很重要的一个考量是看关键事件，在典型场景和关键事件中观察干部是否堪用，这有利于干部遇到困难时快速做出抉择，导向冲锋。

2015 年 10 月 23 日，任正非在华为项目管理论坛上做了"将军是打出来的"的讲话，再次强调"猛将必发于卒伍，宰相必起于州郡"，只不过这一次他的参照系不是中国古代的官员体系，而是美国军队的一些做法。他说："干部选拔没有年龄、资历标准，只以责任结果贡献为考核标准。金一南将军讲美国军队，西点军校录取的是高中生的前 10 名，美国安那波利斯海军军官学校录取的是高中生的前 5 名……所以美国军官都是美国最优秀的青年。美国军队的考核比较简单，不看学历、没有对能力的考核，只考核'上没上过战场，开没开过枪，受没受过伤'，所以美国军队的作战能力其实是很强的。他们先学会作战，再学会管理国家。将来我们也要借鉴美军的考核方法。"

如果把华为"猛将必发于卒伍，宰相必起于州郡"的实践分解下来，至少包括以下 4 条。

1. 优先在成功实践和成功团队中选拔干部

华为有一个传奇产品——C&C08 交换机，这是华为自主研发的第一台数字程控交换机。作为华为的拳头产品，C&C08 交换机销往全球近百个国家和地区，服务上亿用户，为华为创造了巨大的商业价值，也为国产通信设备赢得了广泛的声誉。

不仅如此，对华为产品线而言，C&C08 交换机的成功不仅是一款单一型号产品的成功，更重要的是，它提供了一个产品平台。华为后来的所有关键产品，包括传输、无线、数字通信等，几乎都是在这个平台的架构上发展起来的，大家都能从中看到 C&C08 交换机的影子。

对于这样一个传奇产品，其背后的项目组就很厉害了。C&C08 项目组后来被称为华为管理者的"黄埔军校"。大批的管理人才和技术专家从这个项目组走出来，成为华为的核心骨干，很多人后来成为高层管理人员、高级副总裁，甚至 EMT 成员⊖。这体现了华为的选人原则之一：优先在成功实践和成功团队中选拔干部。

2. 优先在主攻战场、一线和艰苦地区选拔干部

对一个干部来说，在主攻战场打过仗是一个非常重要的经历。华为的"山头"项目和"格局"项目，是大量出产干部的地方。华为往往对刚刚与竞争对手打完一场恶战的项目团队进行集体提拔，加薪晋级，这有助于形成"胜则举杯相庆，败则拼死相救"的团队作战精神。对于一些虽然没能在销售额上做出大的突破，但能减少战略对手在战略客户中的份额的项目组，华为也会及时、大力地给予奖励，正是由于他们的自我牺牲，拖住了对手，华为

⊖ 根据华为的公司治理规章，EMT 是华为日常经营的最高责任机构，受董事会委托，执行华为的日常管理职能。EMT 的成员不多，属于华为最核心的高层，一般都是在华为工作 10 年以上的元老。他们在不同的部门摸爬滚打过，对公司的整套运营流程相当熟悉，其分量也最重。

主力部队才能更快地占领战略高地。这体现了华为的选人原则之二：优先在主攻战场、一线和艰苦地区选拔干部，从"山头"项目和"格局"项目中选拔未来的人才。

3. 优先在影响公司长远发展的关键事件中选拔干部

一个组织要想生存与发展，不但要看当下，还要着眼于未来。华为经常开展端到端业务流程建设和管理改进，构建基于未来的经营绩效提升机制。这就是华为在业界知名的一系列变革项目。任正非会把在一线打过仗、在竞争中获胜的那些人，选到公司各类变革项目组中，通过他们和拥有全球最佳实践经验的洋顾问的反复碰撞，输出未来华为的竞争方法。这些进入变革项目组的人，在项目结束后不管是回到原部门，还是被分到新的工作岗位上，基本都会获得晋升，这体现了华为的选人原则之三：优先在影响公司长远发展的关键事件中选拔干部。业界很多公司为什么搞变革项目很难成功？因为进入变革项目组的人并不是最优秀的人。为什么最优秀的人不愿意进入变革项目组？因为变革项目结束之后，他们在原部门已经没有"位子"了。这就是那些公司和华为的根本差异。变革成功本来就是小概率事件，如果还不安排最优秀的人去主导，那么失败率可想而知。

4. 赛马文化，而非相马文化

人是很复杂的，看起来素质很高和能力很强的人，不见得抗摔打，很多有能力的人往往是玻璃心，经受不住折腾。华为主张"先有为，再有位"。华为内部有很多未任命却主持部门工作的干部。华为的干部任命公示栏上，经常可以看到:"张三, 西非地区部终端业务部部长（未任命), 拟任命为拉美地区部企业业务部部长"。这体现了华为的选人原则之四: 赛马文化, 而非相马文化。"打"下来, 大家就服;"打"不下来, 素质再高都很难赢得大家发自内心的尊敬。

总结一下, 2 000多年前韩非子的这句古训——"猛将必发于卒伍, 宰相必起于州郡", 在华为被任正非运用得炉火纯青。管理的法则不在于"新", 而在于管理者能否把它做"实", 在这方面, 任正非给中国企业家树立了一个很好的榜样。

蓝血十杰

漫画绘制：芥末花枝

蓝血十杰

【任正非语】以前我们做 IPD 其实很盲目，即使今天获得"蓝血十杰"奖的人，当时也没有这么深刻的认识。所以我们要感谢顾问，感谢做出历史贡献的功臣。除了获奖人员，还有很多没有获奖、默默无闻做出贡献的人，我们也要考虑他们的贡献。贡献有大、有小，希望他们也能分享公司未来的成果。

资料来源:《IPD 的本质是从机会到商业变现》，任正非在华为公司 IPD 建设蓝血十杰暨优秀 XDT 颁奖大会上的讲话，电邮讲话［2016］084 号，2016 年 8 月 13 日。

华为"蓝血十杰"奖，是华为管理体系建设的最高荣誉。

2013 年 11 月，华为董事会常务委员会做出决议：评选华为管理体系"蓝血十杰"，以表彰"对华为管理体系的建设和完善做出突出贡献、创造出重大价值的优秀管理人才"。2014 年 6 月 16 日，华为召开首届"蓝血十杰"表彰大会，获奖者包括华为在职员工、离职员工、退休员工、咨询公司顾问等，《华为基本法》起草者之一、华为首席管理科学家黄卫伟教授也是首届"蓝血十杰"奖获奖者之一。值得一提的是，这次评奖把离职员工、退休员工也纳入考评对象，这么做，使华为的在职员工倍受鼓舞。这源于任正非的看法：对爬过同一个战壕的战友，不能忘记他们的功劳。

那么在历史上，"蓝血十杰"最早指的是谁呢？

"蓝血十杰"最早指的是第二次世界大战（以下简称"二战"）时期美国

陆军航空队统计部的 10 位精英。这 10 位精英最拿手的是什么？就是数据分析决策！他们宣扬一种理念——"数字"高于一切。

美国刚加入二战时，美国陆军航空队在轰炸敌军时，经常产生大规模的投弹失误。于是，美国陆军航空队从哈佛大学招了一批学统计学的高才生入伍，他们运用统计学、数学等理论知识为美军计算弹药、飞机、驾驶员、油量等。战役开始之前，如果这些统计专家从统计学的角度推演这场战役不能赢，美军就不打。

其中有一个广为流传的例子。在二战的末期，美军打算将 B-17 和 B-24 轰炸机派往太平洋战场，对日军进行大规模轰炸。但经过这些统计专家的数据分析，得到的报告是：B-17 和 B-24 轰炸机协调作战投下 2800 万吨的炸弹，大约需要 9 万小时；如果使用 B-29 型轰炸机，只需要 1.5 万小时，而且一年可以节省 2.5 亿加仑⊖汽油，并减少 70% 的机员伤亡率。最终，美军高层接受了这个建议。

这些统计学专家，虽然之前从未上过战场，但他们用自己擅长的统计学，对美军的作战方式进行了数字化改革，大大提升了美军轰炸的命中率，也降低了飞机的失事率，给美军高层提供了大量珍贵的决策数据，不仅为美军节约了数十亿美元的资金，也帮助美军赢得了胜利。

二战结束后，这 10 位精英退伍后被集体聘请到福特汽车公司担任管理者。福特汽车公司曾经是美国最大的汽车公司，但二战后的福特汽车公司是

⊖ 1 加仑 ≈ 3.785 4 升。

什么样的呢？它当时已经被通用汽车公司拉下了神坛。福特汽车在美国汽车市场的占有率从一战后的 60% 下降到二战时的 20%，高层管理者的经营压力很大。严重的亏损几乎吞噬了福特公司在 1927—1940 年积累的全部利润。其经营上的失利，根源在于内部机制的落后，表现为以下两点。

第一，福特公司只有一个权威，那就是福特汽车公司的创始人亨利·福特，外界称他为"老福特"。当时在福特公司，他的命令高于一切，不容置疑。老福特凭借他开发"T"型车的直觉和经验管理着福特公司，结果在市场竞争中失利，通用汽车后来居上。

第二，福特公司的组织和人才队伍没有真正地建立起来。大量有才华的主管沦为老福特的随从、助理，他们没有主见。因为每过 3 年左右的时间，老福特就会把他们的职位或调换、或降职，免得他们拉帮结派，形成小团体。大家都战战兢兢的，那些想干一番大事的人纷纷离开了福特公司。福特公司的人才流失情况很严重，在二战结束初期尤为明显。

1943 年，老福特的儿子、福特汽车公司的总裁艾索·福特死于癌症，艾索·福特的儿子小亨利·福特（后人称之为"福特二世"）从部队匆忙赶回来接祖父的班，他的当务之急是寻找一批优秀的管理人才来帮助他带领福特公司走出困境。1945 年，二战结束后，年仅 32 岁的查尔斯·桑顿空军上校说服福特二世，带领另外 9 名精英一起加入福特公司。在这样的危急时刻，这 10 名精英在福特公司掀起了一场以数据分析、市场导向、效率提升为特征的全方位管理变革。这场变革使福特公司摆脱了老福特经验管理的禁锢，改变了老式的生产方式，开始重视数字决策，从低迷不振中重整旗鼓，扭亏为盈，再现了当年的辉煌。

古代的西班牙人认为，贵族身上流淌着蓝色的血液，后来西方人用"蓝血"泛指那些高贵、智慧的精英才俊。因为这 10 个人的杰出贡献，后人称他们为"蓝血十杰"。福特公司重新走上正轨后，"蓝血十杰"先后离开了福特公司，但他们依然坚持用数据分析和市场导向在各自的领域做出了卓越的贡献。他们之中产生了美国国防部长（罗伯特·麦克纳玛拉）、世界银行总裁、福特公司总裁（蓝迪）、哈佛商学院院长等，更重要的是他们培养了一批杰出的企业家。

华为"蓝血十杰"奖获得者、华为首席管理科学家黄卫伟教授曾在一次华为内部会议上讲到"蓝血十杰"之一的罗伯特·麦克纳玛拉的故事。麦克纳玛拉曾任福特汽车公司总裁，后被当时的美国总统约翰逊任命为美国国防部长。麦克纳玛拉上任前，美国国防部的预算编制和审批是按照海军、空军这类功能部门做的；功能部门有意将预算越做越大，预算审批者由于信息不对称，不知道该削减谁的预算，只能统统削减。麦克纳玛拉把福特公司的预算方法（即 PPB^一）带到了国防部，将国防部的预算逻辑彻底调整过来，这就是数据的价值。

可以说，"蓝血十杰"推动了美国历史上最惊人的经济增长，帮助美国快速成长为世界工业强国，开创了全球现代企业科学管理的先河。后来，美国《商业周刊》资深作家约翰·伯恩为他们立传，把他们的故事写成一部教科

○ 计划（plan）、项目（program）、预算（budget），首先明确目标和战略规划是什么，然后明白支撑目标的项目是什么，最后知道项目需要多少钱。

书级的管理著作，书名就叫《蓝血十杰》，该书于 1996 年被翻译成中文引入中国。

"蓝血十杰"的名字是：查尔斯·桑顿、罗伯特·麦克纳玛拉、法兰西斯·利斯、乔治·摩尔、艾荷华·蓝迪、班·米尔斯、阿杰·米勒、詹姆斯·莱特、查尔斯·包士华和威伯·安德森。

尽管距离 1911 年泰勒提出"科学管理理论"已经过去了 100 多年，但是在我国，部分企业依然缺乏科学管理。这些企业的领导者在管理中还是习惯凭直觉、靠经验，不太重视数据决策，导致成功不可持续。

如果要探究"蓝血十杰"对现代企业管理的主要贡献是什么，我们至少可以学习到以下 3 点。

- 基于数据和事实的理性科学管理。不能度量就无法管理，从本质上讲，这是一种客观的、基于事实的决策思维方式。
- 建立了以计划、流程和利润中心为基础的规范管理体系。
- 建立客户导向的产品策略，而不是技术导向的产品策略。

企业管理体系的建设是一个非常庞大的系统工程，华为通过 20 余年的持续管理变革，向西方企业学习企业管理方法，目前已建立了一个基于流程、以客户为中心、以生存为底线的管理体系。但流程的端到端拉通还不够，对数据价值的认知依然比较浅。任正非提出学习"蓝血十杰"，是希望华为人学习科学管理和批判性思维精神，学习"蓝血十杰"从点滴做起、建立现代企业管理制度的职业精神，学习他们尊重数据、注重调查的理性分析的工作方法。这里讲一个小案例，华为是业界率先设立"首席管理科学家"岗位的公司。管理不仅是尺度拿捏的艺术，更是一门科学，既然是科学，则可以以规则的确定来应对结果的不确定，以过程的确定来重复获得可预期的结果。华为18.8万人中，有9万人是研发人员，如果没有用科学管理的方式指挥这9万人开发产品，或许华为早就崩溃了。

科学管理在华为被推崇不仅仅因为上述原因。有人认为，华为没有互联网精神；任正非则认为，互联网主要解决了信息传送的速度和广度的问题，它不能改变事物的本质。他说："不要认为现在是互联网时代，过去工业管理的科学就都过时了，也不要认为科学管理和创新是对立的，更不能动不动就强调颠覆，而是要老老实实地向西方（企业）学习，把这个管理落地。"

细思后我们发现："蓝血十杰"精神其实与华为的互联网精神是相通的，通过追求数字和事实的度量，倡导科学管理，运用互联网技术进一步降低企业内部的运作成本，更好地服务客户，更好地活下去。华为把互联网精神的精髓把握住了！

丹柯之心

领袖胸襟·利他格局

丹柯之心

【任正非语】现在我们已经走在通信业的前沿，要决定下一步该怎么走，其实是很难的。正如一个人在茫茫的草原上，也没有北斗七星的指引，如何走出去。这 20 年，我们占了很大的便宜，有人领路，阿尔卡特、爱立信、诺基亚、思科等都是我们的领路人。现在没有领路人了，就得靠我们自己来领路。领路是什么概念？就是"丹柯"。丹柯是一个神话人物，他把自己的心掏出来，用火点燃，为后人照亮前进的路。我们也要像丹柯一样，引领通信领域前进的路。这是一个探索的过程，在这个过程中，因为对未来的认知不清晰，可能会付出极大的代价。但我们肯定可以找到方向，找到照亮这个世界的路，这条路就是"以客户为中心"，而不是"以技术为中心"。

资料来源：《以客户为中心，加大平台投入，开放合作，实现共赢》，任正非在 2010 年 PSST 体系干部大会上的讲话，电邮文号［2010］10 号，2010 年。

《丹柯》是苏联无产阶级作家高尔基的一篇短篇小说。

《丹柯》主要讲了一群生活在草原上的人被别的种族赶到了黑暗的森林里，在森林中，死亡笼罩着他们，只有走出森林，他们才会有一线生机。这时，英雄丹柯出现了，他提出由自己带领大家逃出森林。道路很艰难，雷声隆隆作响，茂密的森林就像有人指挥一样，阻挡着他们前进的道路。不知道走了多久，大家筋疲力尽。有人开始埋怨起来，还有人开始严厉地指责丹柯。为了让他们停止毫无意义的抱怨，尽快走出密林，丹柯毅然用手扒开自己的胸膛，掏出了自己的心，点燃后高高举过头顶，照亮前进的路。其他人都惊呆了，于是义无反顾地跟着他。丹柯一直把族人带出森林，来到阳光灿烂、空气清新的大草原上才含笑死去。不过，他那燃烧的心并没有熄灭，而是迸发出蓝色的小火星，每当雷雨将至之时，它们就在黑暗中闪闪发光。

《丹柯》创作于1895年，当时沙皇俄国正处于大革命的准备时期，在黎明前夕的黑暗中，人们正需要一种精神的鼓舞和道路的指引，所以，高尔基创作了"丹柯"这一光辉的勇士形象，颂扬了在黑暗中敢于为理想英勇献身、不计较个人得失的英雄形象，鼓励人们大胆追求胜利、追求光明，同时也批判了那些懦弱、忘恩负义的人。

任正非被丹柯的英雄事迹感动，他把那些通信行业的领路人比喻成丹柯，这可以从两个层面来理解。

第一，公司层面。任正非谈丹柯时是2010年，当时华为已经创建22年了，很多曾经的行业领军企业已经被华为超越，华为正走在通往通信行业前列的路上，马上要成为行业领头羊。这时，任正非开始反思华为公司是否做好了准备（实际上，仅仅3年后的2013年，华为的年营业收入达395亿美元，在《财富》世界500强企业中排名第315位，爱立信年营业收入达353亿美元，在《财富》世界500强企业中排名第333位；华为已超越爱立信，成为世界通信制造业的行业"排头兵"）。这是任正非居安思危的一贯做法，他为此也给出了很清晰的答案：未来的路是不清晰的，可能会付出极大的代价，可能华为最后会像丹柯一样倒下，但他认为，华为肯定可以找到方向，而且很明确地指出这条路就是"以客户为中心"，而不是"以技术为中心"。

第二，华为高级干部层面。文化管理和干部管理是任正非管理华为的两大抓手，华为成立30年来，很多管理权力都已下放，但这两个抓手从来都没有放松。对于高级干部，任正非有一条要求：无私，有献身精神。

任正非在那篇业界广为流传的文章《我的父亲母亲》中谈道："我的不自私也是从父母身上看到的，华为今天这么成功，与我的不自私有一点关系。"

任正非多次在内部讲话中提及，希望华为的干部都能像他一样有无私的奉献精神。我在这里选择其中三小段与大家分享。

中国（企业）长期受中庸之道的影响，虽然这在寻求稳定上有很大的贡献，但也压抑了许多英雄人物的成长，使他们的个性不能充分地发挥，不能形成对企业的牵引和贡献，或者没有共性的个性对企业形成破坏。因此，发展中的中国企业特别需要英雄群体来推动火车头的前进，这种渴求为每个人的成长提供了机会。华为将自己的目标定为向世界一流公司靠拢，而现在差距又这么大，更迫切地需要英雄，那种群体奋斗的英雄，那种勇于献身、无私无畏的英雄。

高级将领的作用是什么？就是要在看不清的茫茫黑暗中，用自己发出微光，带着你的队伍前进，就像丹柯一样把心拿出来燃烧，照亮后人前进的道路。越是在困难的时候，我们的高级干部就越是要在黑暗中发出生命的微光，发挥主观能动性，鼓舞起队伍必胜的信心，引导队伍走向胜利。各级干部、主管应经得起考验，勇敢地挑起大梁，带领员工齐心协力渡过难关。对于那些传播谣言、对公司失去信心、不能勇敢面对困难并感到恐慌的干部，不断对项目叫苦的干部，说明他们承担这个担子有困难，各级组织应积极帮助他们退出领导和关键岗位，尽快安排有能力的人接替，由能经得起考验的继任者担当工作。

干部要少一些私心。无私就是最大的"自私"。干部一定要多肯定周边部门的贡献，多肯定下属的贡献，这种奉献是会得到回报的。当你做总结的时候，肯定了周边部门做得很好，肯定了下属做得很好，而没你什么事，是不是没出路了？不，那就只剩下一条路——只能升官了。你对大家好，实际上你是最大的"自私"者，你的奉献是会得到回报的。作为干部不要跟部下、跟周边部门争风吃醋。在工作中不服输我是赞成的，但在评价时不要不服输。

任正非的这番话，让我想起一个人：华为消费者业务 CEO 余承东。

2013 年，余承东带领华为终端业务突围。尽管他的团队奋勇拼搏，在 2012 年也取得重大突破，但结果并不尽如人意。为了兑现"不达底线目标，团队负责人零奖金"的承诺，余承东 2012 年的个人年终奖是零，任正非给他颁发了"从零起飞"的奖牌。据华为终端业务的员工反映，余承东为了鼓励终端业务的员工们，自己借钱给员工们补发了部分奖金，此举让华为的很多干部都对他刮目相看。

团队领导者无私，下属才愿意卖命。任正非带领华为 30 余年，由于每年不断稀释、不断配股，他本人的持股比例只剩下 1.01%。企业老板的持股比例在一家未上市公司中只占 1.01%，这在全世界也找不到第二家。这就是财散人聚，这就是胸怀。如果华为不止任正非一个"丹柯"，不止余承东一个"丹柯"，能涌现出更多的"丹柯"，那么未来即便遭遇再多的坎坷，也都能走出黑暗。

有福同享文化

不让"雷锋"同志吃亏

漫画绘制：芥末花枝

不让"雷锋"同志吃亏

【任正非语】华为价值评价标准不要模糊化，而要坚持以奋斗者为本，多劳多得。你干得好了，多发钱，我们不让"雷锋"吃亏，"雷锋"也要是富裕的，这样才会人人都想当"雷锋"。在这 3～5 年里，公司的改革任务是很重的，有可能促使我们在战略机会中获得前进，我们要鼓励这个队伍前进。

资料来源：任正非在拉美及大 T 系统部、运营商 BG⊖工作会议上的讲话，2014 年 5 月 9 日。

作为 20 世纪 70 年代的军人，任正非身上无疑打上了许多"雷锋"的印记：奉献，激情，自律，能吃苦。华为不让"雷锋"吃亏，就是对勤勤恳恳、任劳任怨、有苦劳不一定有功劳的默默无闻的员工给予奖励、支持、鼓励，提倡、弘扬这种精神和行为，提高企业员工的道德素养。

怎样推动 18 万知识型员工长期奋斗、不懈怠？答案就是：以奋斗者为本，不让"雷锋"吃亏。那怎么给"雷锋"进行分配？这涉及华为的价值分配，它是一个动态的系统。我在这里做一个比较详细的阐述。

我在华为工作的 11 年时间里，主要工作是把华为管理之道输送给核心价值客户，获取客户的认同，从而增强华为与各界高端客户的黏性。很多企业

⊖ BG，即 Business Group，不是一个特指的部门，是指华为的一个业务集团。华为有三大 BG：运营商 BG（Carrier Network BG）、消费者 BG（Consumer BG）、企业 BG（Enterprise BG）。每个 BG 下又分很多个 BU，即业务经营单元（Business Unit）。

老板期待把自己企业建设成为本行业的"小华为"，我经常有机会与他们分享华为管理的经验教训。在300余场分享中，我不止一次地被问道：任正非为什么能凝聚18万知识型员工，做到枪声就是命令，指东打东、指西打西？

我的回答是："有福同享文化。"

员工能否干成一件事情，取决于两个因素：能力和意愿。华为员工的整体能力水平在业界是比较高的，关键是如何把他们的意愿激发出来，而这其中的关键点就是让员工把公司的事变成自己的事。正是基于这个逻辑，任正非从20世纪90年代开始构建的虚拟股权制度，以及随着市场环境变化、员工代际不同而演变来的时间单元计划激励机制，战胜战略竞争对手的重大项目奖机制，破格晋升提名制等，直击人的普遍需求，只因为没有人与提拔和涨薪过不去。

中国著名管理学家陈春花教授曾经给企业家们出了一道题。

　　根据你们的管理经验，你们认为金钱在激励方面是否非常重要？（请仅根据您的经验回答）

　　非常重要（　　）

　　相当重要（　　）

　　重　　要（　　）

　　不太重要（　　）

　　不　重　要（　　）

　　您的理由是什么？

现场的企业家给出的答案五花八门，陈教授非常明确地给出了答案：奖励金钱是一项非常重要的激励措施。

把"事业合伙人"用于华为的价值分配可能并不是十分贴切，华为的各级管理干部和员工有非常清晰的认知：对大家的贡献，公司给予的一个关键回报就是金钱。

为什么这个措施有效？开展有效激励的首要工作是搞清楚激励对象是谁，他的首要诉求是什么。华为的答案是：华为的很多员工家境一般，工作的首要诉求是提高收入，改善生活。

通过有效激励，把激励对象和公司绑定，不仅使他们成为利益共同体，更成为命运共同体。不是员工都很爱任正非，而是没有人会和提高自己的收入过不去，以万众之私成就万众之公；而且一群人在赛马，竞争的环境裹挟着每一个华为人往前走，他们身不由己。

很多人对华为的激励机制感兴趣，我在这里把我的理解与大家分享。华为的激励机制大体上分为以下4块。

（1）长期激励：虚拟受限股——公司员工持股计划（Employee Stock Ownership Plans，ESOP），在职期间享有。

（2）中长期激励：时间单元计划（Time Unit Plan，TUP），期限为5年，滚动增减。

（3）中短期激励：年终奖＋项目专项奖＋总裁奖。这项激励属于浮动收入，与作战单元的收益强挂钩。

（4）基本薪酬：薪酬工资。这项激励属于固定收入，水平保持在业界前

25% 即可，其实并不高。

高工资、高福利会对企业成本管控产生巨大威胁。在华为的激励机制中，固定收入尽可能控制在比较低的水平（近几年因为 BAT 等互联网公司与华为争抢人才，华为才把固定工资提高了一些），华为非常愿意对浮动收入，即中短期即时激励的部分加大比例。这个设计的巧妙之处在于：既能降低公司的现金流压力（因为薪酬工资等支出是刚性的），又能让员工觉得算上 4 块激励之后整体收益划得来。但这个方案没有考虑自由资金的收益（比如用这部分资金自行投资房产或投资收益更高的股票。不过，华为不允许员工炒股）。

华为近些年坚持获取分享制，内部有规定，员工的这 4 块收益被分成两个部分：一个是资本性收益；另一个是劳动收益。内部股票分红等资本性收益每年只能分享华为总利润的 25%，剩下的 75% 要通过劳动收益分享给当年创造价值的人，从而形成"资本性收益：劳动收益 = 1：3"的比例，这在很大程度上缓解了老员工不再奋斗变成食利阶层、新员工没有动力拉车的大企业病。

很多企业想向华为学习"有福同享文化"，想套用华为的全民持股制，但要注意避免走入误区。为此，我们需要从以下 3 个层面来理解。

1. 有福可享

我仔细研究了任正非 30 年来对管理变革的讲话，他在华为发展的各个阶段都强调增长，时时警惕公司业务的萎缩。萎缩会带来很大的管理问题，华为必须保持合理的增长速度，即使有问题也不能停下来，而要在前进中调整，在高速飞驰中换轮胎，在扩张中消化内部矛盾。虽然他有时也提醒员工注意精细化管理，但其目的是避免扩张陷入混乱。为什么要这样？这是因为华为所在的信息与通信领域是一个看不到边际的大草原，拥有广阔的市场和丰厚的利润，只要把握好节奏，就会有足够大的"蛋糕"可以分。有"福"可享是有福同享文化得以落实的前提，使虚拟受限股分红机制具有了现实意义。这背后都是通信行业的大市场在支撑。你的企业所在的赛道是否具备这个特征？是否有福可享？这是非常关键的问题。

2. 具备有福同享的胸襟

很多企业老板都想向华为学习如何"有福同享"，但到了真正需要有福同享时，他们却给人才预设了很多苛刻的对赌型激励条款。有时我看到他们列出的激励条款，不禁想起小时候街边"要猴"的场景。人才对企业极不信任，怎么会与企业老板一条心？很多人认为任正非是一位"傻老头"，有钱到处撒。华为给员工的待遇普遍是超配的，即一开始给员工的钱超过员工的预期，是多付报酬的（overpay）。员工拿到钱时觉得老板太大方了，自己干的那点活对不起老板给的待遇，得赶紧多做点贡献，才对得起老板；同时也要避免懒散的时间长了，自己的业务荒废了，还是要赶紧干出点成绩。基于以上两点，员工也就心甘情愿地奉献价值了。其实，对于一群能力本身很强的知识型员工而言，他们内心认为：最不可辜负的是信任。

由于每年不断稀释、不断配股，华为的"股票"盘子越做越大，所有者的持股比例越来越低，最典型的就是任正非的持股比例只有1.01%（华为的员工股票结构中没有一股是外部股，全部是员工持股，任正非作为所有者的控制权并不因为股权的不断稀释而被削弱）。最关键的是，因为所有者具有有福同享的胸怀，他敢把这个"股票"盘子不断做大，吸引更多的新员工，给他们授权，给他们配股，所以华为的经营得以良性循环。

3. 有福同享的机制

在华为的有福同享机制中，有一个跟外界怎么解释都解释不通、外界也很难理解的现象：截至目前，华为的销售人员是没有提成的。华为 18.8 万人，销售服务人员超过 1/3，他们没有任何提成！华为的考核机制基于奖金制和股权、TUP 期权的激励，为什么是这样的？因为在华为，任何一项工作都无法凭借一己之力去完成，它必须依靠整个体系的力量去协作完成，涉及横向的产品维度、纵向的客户维度以及指挥横向纵向作战的区域维度，所以无法用提成制来设计有福同享机制。华为非常善于团队协作，换一种说法是善于使用聚合智慧。30 年来，华为人形成了"胜则举杯相庆、败则拼死相救"的文化，构建了一个导向冲锋的分配机制。

2018 年年底，我给一家制药集团型企业的高管团队讲授"华为管理之道"课程。课间休息时，一位高管回忆起他在企业 20 年里最快乐的时光是 20 世纪 90 年代，那时老板提着麻袋装着钱来激励营销与销售部，以至于到了三更半夜，他们部门办公的那栋楼还是灯火通明的，每个人都像打了鸡血那样往前冲。遗憾的是，半年之后这种干劲再也没有了。分配不均导致内部矛盾重重，这种激励方式就不起作用了。"不患寡而患不均"，"均"不是"平均"，而是"规则"、是分配机制，这不仅是一门技术，更是一门艺术。华为一方面让员工的收入比业界平均水平要高；另一方面不断调整，避免它过高，过高了以后，员工就没有动力了。你年薪 2 000 万元，还会有奋斗精神吗？按照正常人的人性，就不会奋斗了。任正非说："猪养得太肥，连哼哼声都没了。"这也是华为坚持不上市的一个重要原因。华为的激励方法不断调整，就是为了应对人性的惰怠和贪婪。

在这里，我把华为的虚拟受限股和时间单元计划稍微展开分析一下。

第一，关于虚拟受限股。

任正非认为，通信产业的竞争非常激烈："一个人不管如何努力，永远也赶不上时代的步伐，更何况在知识爆炸的时代。只有组织起数百人、数千人、数万人一同奋斗，你站在这上面，才摸得到时代的脚。"

华为希望从根本上解决企业能不能成长起来、能不能做大做强的源头性问题。为此，需要找到长期激励广大员工的方法。后来，华为选择的激励机制是员工持股计划，而不是针对少数高层经营者的股票期权激励计划。

1990 年左右，华为为了解决资金链的问题，建立了职工内部持股制度，不断演进至今，业界称之为"华为的股票"，华为内部称之为"虚拟受限股"。

每个营业年度，华为按照员工在公司工作的年限、职级、业绩表现、劳动态度等指标，确定符合条件的员工可以购买的股权数，员工可以选择购买或放弃。在员工离开公司时，股票由工会回购（在华为工作满 8 年、年龄满 45 岁的员工可向公司申请"退休"，公司批准后，可保留股票分红权）。

这不是通常意义上的股票，标准股票有三权——决策权、转让权、分红权；而华为的虚拟受限股，员工只享有分红收益和股本的增值收益，但股本增值被严格控制。从本质上讲，它是一种利润分享制度，只不过借助股票这种形式使它的分配机制更合理。这并非退休金保障制度，在最早设立虚拟受限股时，华为就明确提出这是基于"利润分享、利益绑定"的机制。

很多人会问：华为的虚拟受限股为什么可持续？那就是因为它每年可分红。员工看好公司的赢利能力，把自己的钱投入公司中，公司每年给员工可观、稳定的收入（主要体现在分红上）。最开始大家都持怀疑态度，2002 年"华为的冬天"期间，公司股票认购价为 1 元／股，各部门主管按部门人数去分派，购股任务都无法完成，大家担心这会是"庞氏骗局"。30 年来，任正非坚持这项机制，进行了比较大范围的利益分享。目前华为 18 万人中，超过 9 万人持有公司的股票，股票平均年收益率在 20% 以上，2010 年的年收益率近 60% 。从历史来看，员工至今没有承担过风险（虽然签署协议时都要求风险自负，不保本），于是大家对公司的股票有了信心。

我们进一步追问：为什么每年的分红都那么高？因为公司保持着有效增长趋势。在华为 30 年的历史上，除 2002 年是轻微负增长之外，一直都是正增长。华为特别强调：必须是有利润的收入，而且是有现金流的利润。华为不太注重有多少资产。只有足够的羊，才能吸引狼，而只有在肥沃广阔的大草原，才能吸引羊。"增长、增长、增长"是任正非在华为内部自始至终首要强调的。这就是为什么前面我强调"有福可享"是有福同享文化的第一步。

当然，任何激励机制都有其局限性，华为的虚拟受限股也有着自身的局限性。

（1）因为法律的限定，华为虚拟受限股只限于授予特定区域的员工，随着华为经营的全球化（目前海外收入占比 70%），其弊端越来越明显：不配发虚拟受限股的分公司，员工的流失率很高，一度每年达到30%的流失率。华为需要寻找新的激励机制。

（2）虚拟受限股没有期限，只要员工在职就一直享受分红收益，没有退出机制。这样，老员工就能一劳永逸，靠分红就够了，把工资当零花钱，绩效差一些也不在乎，而这种激励政策对新员工的能力激活有较大的负面影响。

（3）新员工的购买力有限，如果7.85元/股，配5万股，就得出资40万元。这对新员工来说，压力太大。因此，不少新员工选择放弃购买。一旦放弃购买，虚拟受限股就偏离了设计的初衷，无法实现"利益绑定"。

第二，关于时间单元计划。

为了避免虚拟受限股的弊端，2013年华为以总裁办电子邮件240号出文《正确的价值观和干部队伍引领华为走向长久成功》，推出TUP激励机制。这是一种5年期的激励方案，有退出机制，推动员工导向奋斗，追求高绩效。在这篇文章中，任正非谈到"提高工资、奖金等短期激励手段的市场定位水平，增强对优秀人才获取和保留的竞争力。丰富中长期激励手段（逐步在全公司范围内实施时间单元计划），消除'一劳永逸、少劳多获'的弊端，使长期激励覆盖所有华为员工，将共同奋斗、共同创造、共同分享的文化落到实处。"

时间单元计划是现金奖励的递延分配，属于一种中长期激励模式，相当于预先授予获取收益的权利，但收益需要在未来 N 年中逐步兑现（在华为，当前设置 $N=5$）。它可以被称为"奖金期权计划"。TUP本质上是一种特殊的奖金，是基于员工的历史贡献和未来发展前途来确定的一种长期但非永久的奖金分配权。

时间单元计划是如何实施的呢？华为5年TUP，采取的是"递延+递增"的分配方案，操作方法举例如下。

假如某年给予TUP的授予资格，配了10 000个单位，假设虚拟面值为每单元1元。

第一年，没有分红权。

第二年，获取10 000×1/3分红权。

第三年，获取10 000×2/3分红权。

第四年，全额获取10 000个单位的100%分红权。

第五年，在全额获取100%分红权的同时，另外进行本金升值结算，如果本金升值到3元，则第五年获取的回报是：全额分红+10 000×（3-1）。同时将这10 000个TUP单位的权益全部清零。

你看，这么一个基于员工历史贡献和公司未来发展前途来确定的长期但非永久的奖金分配权制度，近乎完美。但任何激励机制都有其局限性，TUP激励机制也不例外。关键点在于：它不需要员工花钱购买，而是用配股的方式给员工配一定的额度，免费赠送，这样就降低了员工的风险；降低了风险以后，员工也就不重视这个股票是亏了还是赚了，反正他自己没有掏钱。TUP的激励力度自然没有虚拟受限股那么明显。

*在本文的写作过程中，我受到华为首席管理科学家黄卫伟教授的启发较大，在此表示感谢。

英法革命的启示

治企业如烹小鲜·化大变革为多个小改良

書享界 英国光荣革命 VS 法国大革命

漫画绘制：芥末花枝

英法革命的启示

【任正非语】有一段时间，大家对法国大革命赞誉有加。但是，英国光荣革命与法国大革命相比，我更赞成英国光荣革命。英国光荣革命就像扁鹊长兄治病一样无声无息，英国就改革完了。300 多年前的法国是拿破仑时代，它差点把英国消灭了，那个时候英国弱势，法国强势。英国就爆发了光荣革命，大地主、大资产阶级和皇帝讨价还价，要争取自己的权利，限制皇帝的权力，就出来了君主立宪、皇权虚设、临朝不临政的运作机制。英国一个人没死，光荣革命就完成了，就出来英国的议会制度。资产阶级民主带动英国蓬勃发展，而法国大革命轰轰烈烈，血流成河啊，让作家找到了兴奋点，写出来好多好作品。人们记住了法国大革命，忽略了英国光荣革命，但是英国发了大财，法国内斗了几百年。

资料来源：任正非在广州代表处座谈纪要［2013］057，2013 年 2 月 19 日。

任正非是一位具有极强危机意识的企业家，他所带领的华为是一家把变革常态化的公司，通过持续的变革，"大企业病"在华为没有滋生的土壤。但是变革的挑战在于：很容易过犹不及。任正非如何清晰无误地向 18 万华为员工、产业链上的几十万伙伴以及华为客户传递华为变革的本质呢？任正非巧妙地用了打比方的方式，通过对比法国大革命和英国光荣革命，揭示了他所期望的华为管理变革。

法国大革命轰轰烈烈，产生了很多在全世界影响力都很大的文学作品和艺术作品。比如10多年前很火爆的一本书《旧制度与大革命》，这是法国大历史学家托克维尔的著作，探讨的正是法国大革命这段历史。法国原有的封建制度崩溃之时，因并未带来革命预期的结果，执政者与民众之间的矛盾公开化，社会动荡愈演愈烈。

又比如世界名画《自由引导人民》，这是法国浪漫主义画家欧仁·德拉克洛瓦为纪念这段历史而创作的伟大作品，现藏于巴黎卢浮宫。画中的自由女神戴着象征自由的弗里吉亚帽，号召身后的人民起来革命。这幅画被选入中国中学生的历史课本，应该说其知名度非常广。

而英国的光荣革命悄无声息，君主立宪、皇权虚设、临朝不临政的运作机制不但让英国民众的生活日益富裕，而且影响了后来的美国。1776年美国建国时，主要参考的政体就是英国的政体。

大家有没有发现，在企业变革中，我们常常像法国大革命一样，都喜欢大动作，喜欢颠覆，"宁可燃烧三日，不愿冒烟三年"，大多为了新气象而进行变革，就像法国大革命没有考虑给法国老百姓带来什么价值一样。这些变革没有给企业的经营带来新价值，没有给客户带来新价值，一阵鸡犬不宁之后，企业上下筋疲力尽，留下一地鸡毛，从此走向反面：谈"变革"色变。

《道德经》曰："治大国，若烹小鲜。"火势不可过大，而应该像烹饪小鱼那样轻轻地、慢慢地翻动。火势过旺，会将小鱼烧煳；动作幅度过大，会将鱼弄碎。企业变革也是这样。任何熊熊烈火、疾风暴雨式的"革命"都会牵一发而动全身，弄不好会使组织颠来倒去，人心动荡，甚至造成意想不到的结局。所以，治理企业只能用文火、和风细雨式的"改良"。华为在企业变革上的"治企业，若烹小鲜"，其实就是一种在变革中为避免暴风骤雨、激流勇进式的"剧变"，而寻求的春雨润物、静水潜流的平衡。它使变革做到进取而不盲动，化一次大变革为多次小改良，从而防止企业变革偏离轨道，取得了变革的最佳效果。

"管理大师中的大师"彼得·德鲁克曾说："以前我不知道一家好公司的标准是什么，但后来我发现，一个平静无波的公司，必然是管理上了轨道。如果一家公司的运营经常是高潮迭现，大家忙得不可开交，就必然是管理不善。优秀的公司，总是很单调，没有发生什么激动人心的事件，因为凡是可能发生的危机都早已预见，并已通过解决方案变成例行工作了。"

任正非的智慧在于对人性的把握，以史为鉴，站在 300 年的历史长河看基于人性的弱点、人们极可能反复犯的错误。他担心有人还不理解这个比喻，他就进一步点破："'千古兴亡多少事？悠悠。不尽长江滚滚流。'历史是一面镜子，它给我们多么深刻的启示。在管理上，我不是一个激进主义者，而是一个改良主义者，主张不断地管理进步，一小步一小步地改进、一小步一小步地进步。任何事情不要等到问题成堆时，采取英雄弹指一挥间的'力挽巨澜'，而是要不断地疏导。"[一]"华为公司创立 20 多年来，实际上没有停止过变革，但是我们不主张大起大落的变革，这是要付出巨大代价的……我们这么多年的变革都是缓慢的、改良式的变革，大家可能感觉不到在变

○ 资料来源：任正非的讲话《活下去，是企业的硬道理》，2000 年。

革。变革不能大起大落，不是产生一大堆英雄人物叱咤风云就算变革，这样的话，公司就垮了。为了你一个人的成功，我们万骨都枯了。"⊖任总讲得真是太透彻了！

智者的行动，如沐浴晨曦的草原，静悄悄。

⊖ 资料来源：任正非与 ifs 项目组及财经体系员工座谈纪要，2009 年。

鸡毛掸子

坚持自我批判 · 华为纠偏神器

鸡毛掸子

【任正非语】 自我批判是一种武器，也是一种精神。华为所有的领导层、管理层、骨干层，华为所有产品体系的干部，大部分是从交换走出去的。他们带去了自我批判的风气以及不屈不挠的奋斗精神，在各条战线、各个领域取得了一定的成绩。是自我批判成就了华为，成就了我们今天在世界同行中的地位。我们要想继续提高竞争力，就要坚持自我批判的精神不变。

我们提倡自我批判，但不提倡批判。为什么不提倡批判？因为批判是批评别人的，大多数人掌握不了轻重，容易伤人。自我批判是自己批评自己，大多数人会手下留情。虽然是鸡毛掸子，但多打几次也会起到同样的效果。

资料来源：任正非在核心网产品线表彰大会上的讲话，2008 年 9 月 2 日。

鸡毛掸子是一种用鸡毛绑成的、清除灰尘的用具。

鸡毛掸子据说源于我国 4 000 年前的夏代。当时有个名叫少康的人，一次偶然的机会，他看见一只受伤的野鸡拖着身体向前爬，爬过之处的灰尘少了许多。他想，这一定是鸡毛的作用，于是，他抓来几只野鸡拔下毛来制成了第一把"鸡毛掸子"。

在华为，任正非把"自我批判"比喻成用鸡毛掸子掸灰尘。

其实，自我批判不是今天才有的，几千年前孔子弟子的"吾日三省吾身"，孟子的"天将降大任于斯人也，必先苦其心志，劳其筋骨，饿其体肤，空乏其身，行拂乱其所为，所以动心忍性，曾益其所不能"，都可算作自我批判的一种形式。在中国的企业家中，任正非是始终坚持自我批判的。在华为创办的 30 年间，关于"自我批判"的词汇也成为任正非讲话的高频词。在这里，我列举一些他讲话的标题：

1998 年：《在自我批判中进步》《一个人要有自我批判能力》；

1999 年：《自我批判和反幼稚是公司持之以恒的方针》《自我批判触及灵魂才能顺应潮流》；

2000 年：《为什么要自我批判》；

2006 年：《在自我批判指导委员会座谈会上的讲话》；

2007 年：《将军如果不知道自己错在哪里，就永远不会成为将军》；

2008 年：《从泥坑里爬起来的人就是圣人》；

2010 年：《开放、合作、自我批判，做容千万家的天下英雄》；

2014 年：《自我批判，不断超越》；

2015 年：《转发"财经管理团队民主生活会纪要"》；

2016 年：《前进的路上不会铺满了鲜花》《华为，可以炮轰，但勿捧杀》；

2017 年：《要坚持真实，华为才能更充实》《加西亚，你回来吧！孔令贤，我们期待你！回来吧，加西亚，是公司对不起你》；

2018 年：《从泥坑中爬起来的是圣人——任总在"烧不死的鸟是凤凰，在自我批判中成长"专题仪式上的讲话》；

……

华为内部有两份报纸:《华为人》和《管理优化》。这两份报纸的视角完全相反。

《华为人》着眼于表扬人性追求进步的一面（天使的一面）。在这里，我们会看到华为"好"的一面，比如拿下哪个大项目、客户表扬、员工持续奋斗、金牌员工的感想……不断释放标杆的价值，用的是"拉"的力量。

《管理优化》着眼于曝光人性惰怠的一面（魔鬼的一面）。在这里，我们会看到华为"坏"的一面，比如对客户态度恶劣、流程僵化、内部推诿、拉帮结派……通过曝光，《管理优化》轻则像鸡毛掸子一样不断地掸掉灰尘，重则像小锥子一样不断地在背后扎，帮助华为员工发挥自我批判的作用，用的是"推"的力量。

任正非认为人性具有两面性，有天使的一面，也有魔鬼的一面，需要一推一拉的合力不断使其进步。

随着互联网的影响面越来越广，报纸传播的效率明显降低。2009年，华为成立内部论坛"心声社区"，该社区成为华为自我批判常态化的主要阵地。在这里，华为的任何一名员工都可以对公司的政策提出自己的不同看法；如果不方便实名，员工可以匿名发表意见。因此，这里被称为华为的"罗马广场"。

自我批判在华为核心价值观中占据极其重要的位置。华为的核心价值观，我们戏称为"三句半"：以客户为中心、以奋斗者为本、长期艰苦奋斗、自我批判。"以客户为中心"解决价值的获取导向问题，"以奋斗者为本"解决价值的评价和分配导向问题，"长期艰苦奋斗"解决大企业的增长瓶颈问题。但是这三者在企业经营中经常跑偏，需要有一个纠偏机制，这就是任正非长期依靠的法宝——自我批判。很多人担心华为在行业领先之后，会不会难以持续？我的观点是：只要华为人没有放弃"自我批判"这个纠偏工具，华为的发展就没有问题。

为了让大家对华为的自我批判有更感性的认知，在这里，我举3个案例："马电事件""呆死料奖""孔令贤事件"。

华为自我批判典型案例一：马电事件

2011年年初，一篇2.8万字的报告文学稿件《我们还是以客户为中心吗？！——马电CEO投诉始末》，以2011年新年贺词的方式在《华为人》上发表。这对华为人来说犹如迎头泼下的一盆冷水，使华为人从业绩增长的喧嚣中冷静下来……我在前面讲过，这样的负面事件以往一般只会发表在《管理优化》上，但任正非选择把它发表在代表正能量的《华为人》上，这意味着华为的所有客户、竞争对手、员工、员工的家属都可以看到。华为人把人性"恶"的一面摆在台面上，令人非常震撼。

事情起因于2010年8月5日马电○CEO对华为的投诉，马电CEO在投诉信中说："非常遗憾，在过去的几个月中，华为的表现并没有达到我对一个国际大公司的专业标准的期望……在过去的几个月中，多个问题引起我们管理团队的高度关注和忧虑。（1）合同履约符合度和交付问题：在一些合同发货中，设备与我们在合同定义、测试过程中不一致……（2）缺乏专业的项目

○ 全称是"马来西亚电信公司"，简称"马电"。

管理动作：在我们的反复申诉中，我们刚刚看到华为在跨项目协同方面的一些努力与起色，但是在网络中，仍然存在大量缺乏风险评估的孤立变更……（3）缺乏合同中要求的优秀的专家资源……"

客户的来信很冷静，但很明显，客户对华为已经失望透顶。

由此，华为高层发起了一次"我们还是以客户中心吗？"的自我批判运动，围绕"以客户为中心在我们的脑子里是否真的扎下了根？我们能做到真诚地倾听客户的需求，认真地体会客户的感知吗？我们曾经引以为豪的方法、流程、工具、组织架构在市场的新需求下变得如此苍白无力，在未来的竞争中，我们还能帮助客户实现其价值吗？能真正成就客户吗？"等话题展开了全面的讨论和深刻的检讨。

任正非选择把这些检讨的结果全部公开，最终赢得客户的信任，同时也在全体华为人的内心种下一颗种子，让 2011 年尚在华为工作的员工，都记住了一个词——"马电事件"。之后，当我们没有以客户为中心时，会不经意间被提醒：这会不会是下一个"马电事件"？从这次自我批判事件，我们得到以下 3 点启示。

（1）企业最好的危机公关就是自我批判，勇于改正。2017 年海底捞卫生事件发生后，老板张勇和海底捞管理团队在 4 小时内站出来承认全部错误，而不是将责任推卸给两个分店的店长或员工，海底捞迅速得到了消费者的谅解。

（2）自我批判不是自卑，而是自信。只有强者才能自我批判，也只有通过自我批判才能成为真正的强者。

（3）流程很重要，但流程不能解决一切问题。唯有建立具备自我批判的管理体系，企业才能方向基本正确，组织充满活力。

华为自我批判典型案例二：呆死料奖

从"马电事件"再往前追溯 10 年，也有一次令华为人印象深刻的自我批判事件。2000 年，任正非把所有研发人员（几千人）集中在深圳体育馆召开自我批判大会，将因研发人员技术不成熟而报废的单板、"救火"产生的机票、报废的操作指导书让行政部装裱成"奖品"，让研发体系各部门的领导一个个上台领奖，激发他们对质量不合格的强烈羞耻感。华为内部称其为"呆死料大会"。通过这次会议，华为确立了研发体系从"工程师"文化走向"工程商人"文化。

任正非在"呆死料大会"中讲了这段话："研发系统这次彻底剖析自己的自我批判行动，也是公司发展史上的一次里程碑、分水岭。它告诉我们，经历了 10 年的奋斗，我们的研发人员开始成熟，他们真正认识到奋斗的真谛。未来 10 年，是他们成熟并发挥作用的 10 年。而且这未来的 10 年，将会有大批更优秀的青年涌入我们公司；他们在这批导师的带领下，必将做出更大的贡献，公司也一定会在未来 10 年得到发展。我建议'得奖者'将这些废品抱回家去，与亲人共享。今天它是废品，洗刷过我们的心灵，明天就会成为优秀的成果，作为奖品奉献给亲人。牢记这一教训，我们将永远受用。"

从这次自我批判事件，我们得到以下 3 点启示。

（1）知识分子愿意做大事，不愿意做小改进，缺乏"如果不能成就客户，就是给客户带来麻烦"的"耻"观念，需要用自我批判补上这堂课。

（2）负向激励对人的心灵冲击很大。我们要用好负向激励，激发组织的羞耻感、责任感，知耻而后勇，从而成就客户。很多公司只敢用正向激励，担心负向激励把员工吓跑了。我认为关键在于我们是不是有一种导向价值创造的机制，而不是把负向激励变成办公室斗争的工具。

（3）要做自我批判，干部一定要先站出来，承担起使命。华为每年都会从董事会、各 BG、各产品线等层面自上而下举行自我批判会议。当你置身于极具仪式感的会场时，会感受到不一样的文化氛围。

华为自我批判典型案例三：孔令贤事件

有人会问，是不是任正非要求干部自我批判，他自己不做自我批判？不！你想一想，华为 18.8 万人都是受过高等教育的知识型员工，如果企业的最高领导者"严于律人，宽以待己"，这些人也会敷衍了事。据我的观察，任正非是华为人中最敢于自我批判的人，他从不认为自己是完美的。在这里，我举一个 2017 年发生的例子。

2017 年 9 月 5 日，任正非在华为内网"心声社区"转发了一个帖子。他以个人名义向离职员工孔令贤致歉，呼唤该员工回来，这个帖子迅速刷爆全网。

任正非转发的"寻找加西亚"帖子，内容十分动情："加西亚，你回来吧！孔令贤，我们期待你！2014 年孔令贤被破格提拔 3 级后，有了令人窒息的压力，带着诚意离开了华为。周公恐惧流言日，更何况我们不是周公。是公司错了，不是你的问题。回来吧，我们的英雄。"

对此，任正非还写了按语："为什么优秀人物在华为成长那么困难，破格3级的人为什么还要离开。我们要依靠什么人来创造价值？为什么会有人容不得英雄？华为还是昨天的华为吗？'胜则举杯相庆，败则拼死相救'，现在还有吗？有些西方公司也曾有过灿烂的过去。华为的文化难道不应该回到初心吗？我们要紧紧盯住优秀人物的贡献，紧紧盯住他的优点，学习他的榜样，这要成为一种文化，这就是哲学。"

一个掌管了18万"将士"、公司年营业收入达7 000亿元、年已70多岁的商界著名领袖，向一名离职的普通员工认错，并且以总裁办电子邮件的形式将致歉信群发至全体员工，这在商业史上真的很罕见。

通过"孔令贤事件"，任正非表达了两重含义：第一，作为公司的领导者，代表公司对孔令贤或者孔令贤这样的员工的离开表示愧疚，表明了他求贤若渴的态度；第二，他以孔令贤为例提醒全体干部，推动华为成为尊重人才和唯才是举的平台，这是华为的生存哲学和企业文化。

一直以来，作为创始人的任正非，时不时以过来人的身份语重心长地对华为员工"敲边鼓"，这对70多岁的领导者而言，真的很不容易！有华为员工评论道："看完任总的这段肺腑之言，我竟然感动得哭了！"

有人问，这是不是华为策划的一场秀？作为曾经在华为工作10余年的我，可以负责任地说，这就是真性情的任正非的一贯风格。也正是他的真性情，让曾经在华为奋战过的员工、当前还在华为奋战的员工以及未来会加入华为的人，看到一个敢于自我批判的华为领军人！

通过这 3 个案例，大家应该会理解：和人性对抗是一件多么难的事情。人们一般喜欢批评别人，不喜欢自我批判。但是一家公司只有营造自我批判的氛围和机制，才能及时暴露问题。可以说，始终坚持自我批判，是任正非对人性洞察的结果，是华为持续领先的根本原因。

不拉马的士兵

流程由"推"改"拉"·持续激活组织

不拉马的士兵

【按　　语】《华为人》原主编李宁谈到了一个"不拉马的士兵"的故事。

在管理界，这个故事流传已久。某国一位年轻有为的炮兵军官上任伊始，到下属部队视察其操练情况。他在几个部队发现了一个相同的情况：各个单位在操练中，总有一名士兵自始至终站在大炮的炮管下面，纹丝不动。军官不解，问其原因，得到的答案是：操练条例就是这样要求的。这名军官回去反复查阅军事文献，终于发现，长期以来，炮兵的操练条例仍遵循非机械化时代的规则。在那个时代，大炮是由马车运载到前线的，站在炮管下的士兵的任务是负责拉住马的缰绳，以便在大炮发射后调整由于后坐力产生的距离偏差，缩短再次瞄准所需要的时间。现在大炮的自动化和机械化水平很高，已经不再需要这样一个角色了，但操练条例没有进行及时的调整，因此出现了"不拉马的士兵"。这名军官的发现以及提出的调整措施使他获得该国国防部的嘉奖。

资料来源：《华为人》报原主编李宁"重读华为"系列文章。

在华为创立早期，任正非经常在讲话中谈到华为不需要"不拉马的士兵"。不拉马的士兵，即组织中多余的人、没有做有效功的人。

华为是一家不断调整与改进的组织，每两年左右的时间就会对组织和流程进行一些调整。如果你留意任正非历年的讲话，就会发现他一直在批评华为组织臃肿、人浮于事、流程复杂等现象，并要求开展变革，把变革常态化。

任何组织在创立之初，都是生机勃勃的，每一个人都身兼数职，处于"3个人，拿4个人的工资，干5个人的活"这种压力与收获并存的扩张状态。但随着业务走向成熟，组织开始固化，岗位越来越多。为什么会越来越多呢？因为在新岗位增加的同时，老岗位一直保留着，大家出于各种考虑，也给"老人"面子，慢慢地就有了"不拉马的士兵"，出现了很多吃空饷或产出低于成本的岗位。当行业形势向好时，组织还可以支撑，当行业增长放缓甚至下滑时，就会出现"跷二郎腿坐车的人多于拉车的人，把有心拉车的人也吓跑了"等现象，组织因为没有业绩而走向衰败。

在很多时候，之所以会出现各种办公室斗争，是因为一个"闲"字。一旦一个组织出现没有做有效功的人，就容易出现各种分歧、折腾、浪费及内耗。华为非常警惕这样的"破窗现象"出现。

在华为的"心声社区"有一份文件，文件名是"任总在管理干部研讨会上的讲话"，文件里引述了任正非的一句话："我们可要养活18万员工，每年的工资、薪酬、股票分红超过300亿美元。"从这句话中，有人简单地推算出华为员工平均年收入 =300 亿美元 ×6.8/180 000，即 113 万元。业界因此传言华为员工领的都是高薪，其实这是一个大误会。不管这个数字是否准确，只能说华为员工拥有高收入但领的不是高薪。这是一家严格控制员工固定收入，却愿意提升浮动收入的公司。华为的人力资源政策是员工的工资只需要在业界七十五分位（即在业界前 25% 即可），更多的收入要靠员工去奋斗，去挣奖金，即"获取分享制"。

很多人关心华为为什么不上市。原因有很多种，其中的一个逻辑是任正非认为：猪养得太肥了，连哼哼声都没了。科技企业是靠人才推动的，公司过早上市，就会有一批人变成百万富翁甚至千万富翁，他们的工作激情就会衰退。这对华为来说不是好事，对员工本人来说也不见得是好事，华为会因此而增长缓慢，甚至显得队伍涣散。

任正非认为公司主要的资源要用在找目标、找机会上，并将机会转化成结果。后方配备的先进设备、优质资源，应该在一线员工一经发现目标和机会时就能及时地发挥作用，对一线员工提供有效的支持，而不是让拥有这些资源的人来指挥一线员工。谁来呼唤炮火，应该让听得见炮声的人来决策。过多的流程控制点，会降低运行效率，增加运作成本，滋生官僚主义及教条主义。公司应持续地把决策权根据授权规则授给一线团队，使后方只起保障作用，以需求确定目的，以目的驱使保证，一切为一线着想，这样，一线员工和后方支援团队就会共同努力控制流程点的设置，从而缩减不必要的流程，精简不必要的人员，提高运行效率，为组织的长期发展打好基础。用一个形象的术语"推拉"来描述这个过程，华为过去的组织和运作机制是"推"的机制，现在要将其逐步转换到"拉"的机制上去，或者说，是"推""拉"结合、以"拉"为主的机制。"推"的时候，是决策层的强大发动机在推，一些无用的流程、不出功的岗位，是看不清的。"拉"的时候，看到哪一根绳子不受力，就将它剪去，连在这根绳子上的部门及人员一并减去，组织效率就会有较大的提升。

从华为的这些举措中，你会发现，一方面，华为从人性的角度减少"不拉马的士兵"的出现；另一方面，华为在流程、组织、制度的不断调整中，把流程的变革从过去"推"的机制，逐步转换到"拉"的机制上去，及时把"不拉马的士兵"找出来，从而使"让听得见炮声的人呼唤炮火"的机制能有效落地。

华为之熵

耗散架构·光明之矢

書享界

华为之熵
光明之矢

二

HUAWEI

起始　　　　　熵增　　　　　静寂

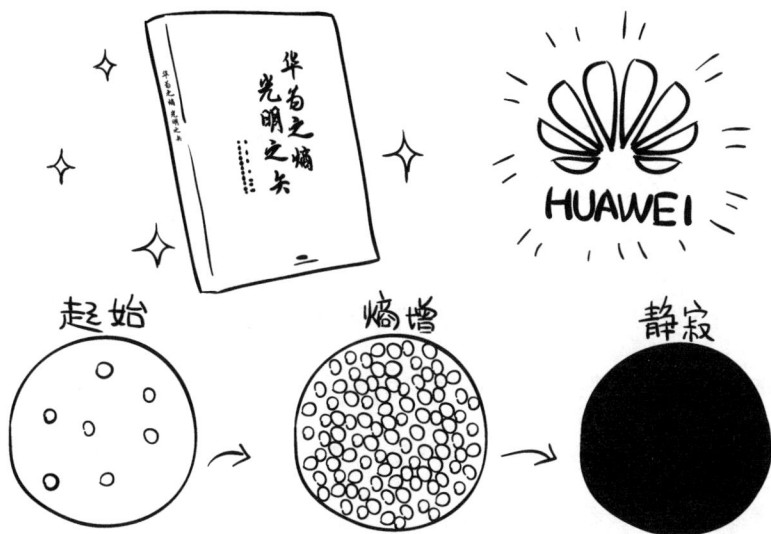

企业需要负熵!

漫画绘制：芥末花枝

华为之熵

【任正非语】我们每年要破格提拔 4 000 多个员工，以激活奋斗的力量。让优秀人才在最佳时间段、最佳位置上，做出贡献。人力资源的评价体系要一地一制，用什么考核什么，不进行无目的的考核，让"前线将士"聚焦在"作战"上。人力资源要研究热力学第二定律的熵死现象，避免华为过早地沉淀和死亡。

资料来源：《春江水暖鸭先知，不破楼兰誓不还》，任正非在"出征·磨砺·赢未来"研发将士出征大会上的讲话，2016 年 10 月 28 日。

过去的 10 余年，我领衔主讲"华为管理之道"课程 300 余场。很多企业家听完这门课后，觉得很汗颜，感觉自己作为老板做得很不够，而不是自己的员工不行。为什么业界学华为的企业鲜有成功？我观察之后发现：除了行业赛道本身的差异，我们看到很多老板只想学华为人如何奋斗，不想学华为如何以奋斗者为本；很多老板希望基层员工以客户为中心，自己和高管团队却不想以客户为中心，口号喊的是"脸朝客户，背对老板"，但如果下面的人真的这样做，第二天就会被扫地出门；很多老板希望中高层员工有自我批判精神，却想方设法维护自己在公司的权威，自己在公司一言九鼎，做出的决策不容置疑。你看看身边的很多企业老板是不是这样的？

在这些诚心向任正非学习的人中，很多人没有真正理解任正非的底层逻辑，只是把任正非的只言片语作为教训手下的工具，这才是他们学华为学不会的根本原因。

任正非之所以不断强调奋斗、自我批判、危机感，强调"华为不需要历史，没有成功只有成长"，灵感全部来自于"熵减"一词。

任正非把熵从自然科学应用到社会科学，并在华为落地。任正非很少给别人的书作序，2017 年年底，他为华为思想研究院丁伟和华为大学执行校长陈海燕的新书《华为之熵　光明之矢》作序。这篇序言让我特别感慨，再次发自肺腑地佩服这位睿智的老人对大自然规律和人性的洞悉。我今天也把这篇 300 多字的短文分享给大家。大道至简，这篇文章篇幅虽短，但字字珠玑，直击本质。

熵减的过程是痛苦的，前途是光明的

水从青藏高原流到大海，是能量释放的过程，一路欢歌笑语，泛起阵阵欢乐的浪花。遇山绕过去，遇洼地填成湖，绝不争斗。当我们用水泵把水抽到高处的时候，是用外力恢复它的能量，这个熵减过程多么痛苦呀！水泵叶片飞速地旋转，狠狠地击打水，把水打向高处，你听到水在管子里的呻吟吗？我听见过："妈妈我不学钢琴呀""我想多睡一会""妈妈痛，好痛呀！我不要让叶片舅舅打我呀"。

人的熵减同样如此。我们从幼儿园认字、弹琴，小学学数学，中学学历史、物理，大学学工程，又读硕士、博士，考试前的不眠灯光……好不容易毕业了，又要承受末位淘汰考核机制的压力。熵减的过程十分痛苦，十分痛苦呀！但结果都是光明的。从小就不学习、不努力，熵增的结果是痛苦的！我想重来一次，但没有来生。

　　人和自然界，因为都有能量转换，才能增加势能，才使人类社会这么美好。

任正非
2017 年 12 月 19 日

　　任正非讲话总是希望哪怕只有小学文化的人都能秒懂，这是他的厉害之处。从严谨的原理层面来看，"熵减"的真正逻辑是什么呢？ 2017 年，华为 2012 实验室技术思想研究院对"熵减"进行了全面的诠释，并将结果发表在"心声社区"，这也是华为第一次公开、完整地揭秘这个概念。很遗憾的是，因为这个概念比较抽象，很少有人有耐心去理解它，从而忽略了其中蕴含的巨大价值。我真诚地希望大家能够静下心来好好琢磨，如果理解了，这比在朋友圈看 100 篇包含"华为"关键字的"标题党"的文章收获大得多。因为你已回归第一性原理去思考华为如何激活组织。

　　鲁道夫·克劳修斯在发现热力学第二定律时，定义了"熵"。自然社会在任何时候都是高温自动向低温转移的，在一个封闭系统最终会达到热平衡，没有温差，再不能做功。这个过程叫作熵增，最后的状态就是熵死，又称热寂。

　　1981 年，美国出版了一本轰动一时的著作《熵：一种新的世界观》，从而将熵概念从自然研究的范畴推演和移植到人类社会中。英国科学家索迪则断言，熵定律"最终控制着政治制度的兴盛与衰亡、国家的自由与奴役、商业与实业的命运、贫困与富裕的起源以及人类总的物质福利……"

经济学的很多理论和计算方法都来源于物理学的启发，但鲜活的生命并不是经济学意义上的理性人。面对人性和社会（人性的群体化）的复杂性，经济学已经稍显落后，而熵的理论透过物理学和生命活力，直指人心。

任正非在一次与华为首席管理科学家黄卫伟教授交流管理话题时，收到了黄教授所发的热力学第二定律的相关内容。任正非说："自然科学与社会科学有着同样的规律。对企业而言，企业发展的自然法则也是熵由低到高逐步走向混乱并失去发展动力的。"熵原本是热力学第二定律的概念，却被任正非用于研究企业的发展之道。华为的发展不是偶然的，任正非开创性的管理思想和战略起着决定性的作用。如果理解了这一点，你就会明白，任正非为什么经常把"华为"和"灭亡"两个词关联起来。

任正非说，企业要想生存就要逆向做功，把能量从低到高抽上来，增加势能，这样就会得到发展，由此诞生了厚积薄发的华为理念。人的天性就是要休息、追求舒服，这样的话，企业如何发展？于是，华为诞生了以奋斗者为本、长期艰苦奋斗的理念。任正非正是通过洞察人性，激发华为人的生命活力和创造力，从而得到持续发展的企业活力。

热力学第二定律是封闭系统的规律，避免熵死的方法之一就是建立耗散架构。

耗散架构是指一个远离平衡的开放系统，在不断地与外界交换物质和能量的过程中，通过内部非线性动力学原理，从原来的无序状态变为有序结构状态。

任正非早在 2011 年的公司市场大会上就说过："公司长期推行的管理结

构就是一个耗散结构，我们有能量一定要把它耗散掉，通过耗散，使我们自己获得新生。什么是耗散结构？你每天去跑步锻炼身体，就是耗散结构。为什么呢？你身体的能量多了，把它耗散了，就变成了肌肉，就拥有了坚强的血液循环。能量消耗掉了，糖尿病也不会有了，肥胖病也不会有了，身材也苗条了，人也漂亮了，这就是最简单的耗散结构。那我们为什么要构建耗散架构呢？大家说，我们对公司非常忠诚，其实就是公司付的钱太多了，对公司来说，这不一定能持续。因此，我们把这种对企业的热爱耗散掉，用奋斗者、用流程优化来巩固。奋斗者是先付出后得到，与先得到再忠诚有一定的区别。我们要通过把潜在的能量耗散掉，从而形成新的势能。"

为了达到熵减，持续恢复活力，我们就需要构建耗散架构。但耗散架构的建立过程是很痛苦的，因为它是对抗人性的逆向做功，人性的偏好永远是自由。

华为在2015年发布了一张芭蕾脚的广告图，2018年12月华为CFO孟晚舟被受限保释后在朋友圈报平安，也用了这张图。这张图上面还配有著名哲学家罗曼·罗兰的名言："伟大的背后都是苦难。"孟晚舟选择的这幅照片，是美国摄影家亨利·路特威勒的作品《芭蕾脚》。照片中的舞者，是美国当今顶级的芭蕾舞者。她从一个稚嫩的少女，经过20多年的奋斗，终于成为顶级的芭蕾舞者。这是她在练习厅休息时，被摄影记者抓拍的一张照片。据说这位摄影家跟拍这位舞者20年，拍摄了无数至美的照片，但都没有获大奖。在这张照片中，舞者的一只脚穿着优雅的芭蕾舞鞋，光鲜完美；另一只脚赤裸着，满是疤痕，通过两只脚的对比，充分地展示了芭蕾舞者的极致美丽与背后的艰辛。这张照片一经刊登，就获得了摄影大奖。

"众生畏果，菩萨畏因"，华为的一系列"自虐式"变革方法，是呈现出来的"果"，而不是"因"。"因"是"熵减"。当我们观察华为、学习华为，能从"熵减"这个最不为人知的视角去理解它时，就会对任正非不遗余力地按"之"字形"折腾"的原因豁然开朗了！

伟大的背后都是苦难！

★在本文的写作过程中，我受到华为思想研究院丁伟的启发很大，在此表示感谢。

"之"字形发展法

组织变革以点带面·干部培养轮岗历练

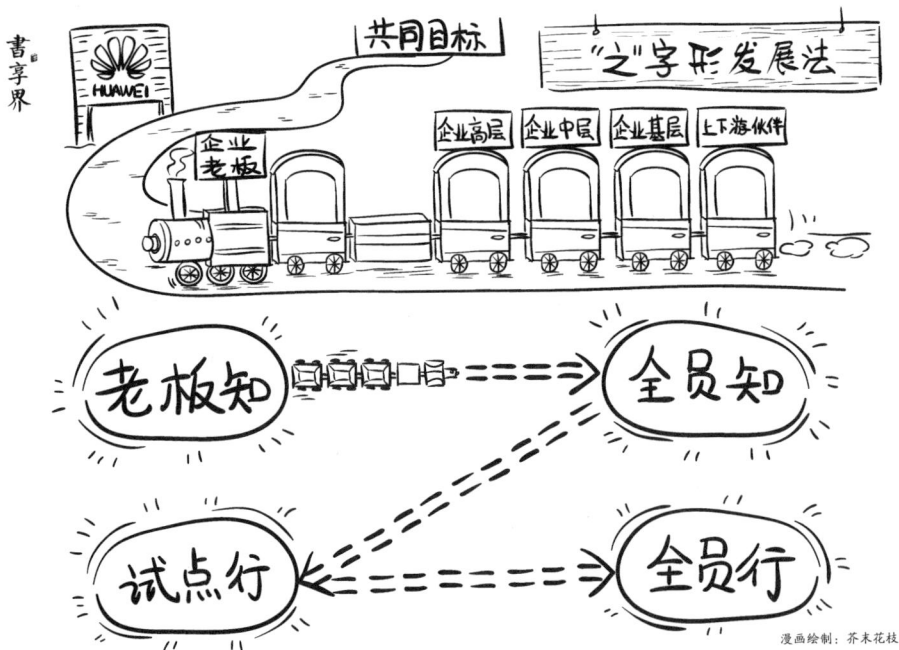

"之"字形发展法

【任正非语】片联要担负起历史的重任，加强干部"之"字形成长制度建设，坚持从成功实践中选拔优秀干部，破除地方主义，破除部门利益至上主义。这些年人才流动不了的一个原因就是地方主义、部门利益至上主义的阻扰。这种文化让机关和现场脱节，若形成两个派别，华为公司迟早会分裂，公司的前途也耽误了。破除板结就一定要加强干部流动，这是重要的任务，片联在这个历史时期要担负起这个任务来。

最近中国航母选人的方式对我启发很大。中国航母选的人都是"疯子"，不是"疯子"不要，选的就是那些终生热爱航母、具有献身精神的人员。不然干十年，你要转业，烧这么多油培养的经验全没用了。美国选航母舰长，一定要选有"之"字形成长路线的。我们公司要加强制度建设，坚持从成功实践中选拔优秀干部，干部流动是为了形成一个有力的作战群，选拔优秀人才上战场。

资料来源：任正非在片联开工会上的讲话，2013 年 5 月 17 日。

中国汉字的历史源远流长，如果要选择一个最具智慧的代表文字，那么"之"字将是其中之一。因为它简洁明了、意蕴深远、韵味绵长，独具东方文明的含蓄柔韧风范。我们从形状上可以看到，"之"字是折线式的，与之相对应的是烟囱式的。

东晋时期著名书法家王羲之的代表作《兰亭集序》，全篇一共 324 个字，其中有 21 个"之"字。在书法创作中，处理相同字的写法是一件难度极高的事，何况是在一篇书法中对出现 21 次的同一个字进行处理。但这并没有难倒"书圣"王羲之，他在处理这些"之"字时，写法各有千秋，行文中"之"字的姿态各异。"之"字的写法在《兰亭集序》中被王羲之发挥到极致。

任正非带领华为渡过多个风浪，他对这个"之"字更是喜欢得不得了，而且在华为经营管理中将"之"字运用得出神入化。比如，他要求干部要走"之"字形路线，不可提拔烟囱式直升的干部；又如，要求华为的变革必须是"之"字形，不要"一刀切"搞变革，等等。

任正非为什么对"之"字情有独钟呢？

因为领导企业，不是方程式赛车场中一位英姿飒爽的赛手以最高时速 350 千米狂飙，而是一名老司机开着一列满载的列车在充满机会和风险的荒原上飞奔。虽然老板很想这趟列车是动车，每一节都有动能，但往往许多列车是绿皮火车，动能只能来自火车头的拉动。并且，火车在中途还可能停下来，但企业无法停下来，有问题也得在飞奔中解决掉。因为增长一旦停止，平时看起来不是问题的问题将全面爆发。当你理解了这层意思，你就会明白为什么任正非是保守的变革派：必须确保持续增长，所有的变革都是润物细无声的，不断地调整，但每次手术刀切下去，只动 5%，另外 95% 是不动的。

我把任正非带领企业的这种方式命名为"之"字形发展法。"之"字形发展法可以从外切面、内切面两个切面去看。

外切面：由横轴和纵轴组成。

横轴的元素由"知"与"行"构成，分别承载构建共同语境和形成协同行为的作用；纵轴的元素由这趟列车的两个关键角色组成——火车头和列车车厢，分别对应的是企业老板和企业员工。

内切面：就是一个"之"字。以共同目标为聚焦点，企业顺着以下路径在演进：老板知→全员知→试点行→全员行。

许多企业在变革时会有以下的失败教训：从"老板知"到"全员行"，中间没有轨道切换过去，也就是在"之"字形发展法模型中，内切面从"老板知"直接跨到"全员行"，把"全员知""试点行"都省略掉了，所以失败概率极高。

举个例子，我们仔细观察一种现象：老板从外面得知一个新方法，突然开悟，第二天要求全员按新方法去做，内部思想体系瞬间混乱了。因为企业是一趟列车，列车是由齿轮带动的，公司运作机制是多个齿轮协同的过程。一开始全公司都是顺时针转，作为老板，他想将公司运作机制扭转为逆时针转，这个指令从大齿轮到中齿轮再到小齿轮的贯彻需要花费很长的时间。大齿轮贸然强扭，结果就是卡壳停摆。要顺利扭转过来，最小的代价是从小齿轮开始换方向，在这个过程中，"全员知"和"试点行"是一个必经之路。

企业管理的变革如此，人才的成长也是如此。

如果一个人在研发、财经方面做过管理者，又在售前、一线做过项目，拥有较为丰富的工作经历，那么他在遇到问题时，就会有全局思维，能端到端、全流程地考虑问题。但如果他一直在某个体系里工作，比如在研发体系，是从一条线上直线成长起来的，其思维就会有局限性，遇到问题也很容易出现本位主义思想，会很强调自己从中成长起来的那个板块的重要性。为什么？因为他只懂那个板块，其他板块就直接用鸵鸟策略忽略掉了，这必然会使组织的发展变得不完善。所以，华为一直要求未来的可塑性干部要流动起来，形成一个有力的作战群。任正非说："干部和人才不流动就会出现板结，会让机关和现场脱节，华为迟早会分裂。"所以他要求华为片联不拘一格地从有成功实践经验的人才中选拔优秀专家及干部，推动优秀的、有视野的、意志坚强的、品格好的干部走"之"字形成长道路，培养大量的将帅团队。

上面是从组织的健康发展角度来看的，如果从干部个人成长的角度来看，也是必须经历"之"字形的历练，任正非本人的成长就是一个案例。在创办华为时，任正非已经44岁，经历过人生的苦难历练，他知道对于一个帅才、将才来说，才华、阅历、心理素质等缺一不可。因此，在治理华为30年的历程中，他非常不看好"坐火箭"直线上升的人才，非常反对提拔烟囱式的干部担任各级经营单元主管，要求各级经营单元的主管要拥有端到端的"作战"经验。何谓端到端？就是走"之"字形发展路线。所以，当你在华为的业绩干得不错时，公司把你频繁调动到不同的岗位上，从研发到市场，从财经到供应链，从营销到服务，那么恭喜你，你已经被公司干部盯上了，他们正在让你积累端到端的经验。华为凭借干部的"之"字形培养策略，储备了大量具有全局观的干部，这在消除在岗将才"骄娇"两字上立下了汗马功劳，真正地实现了任正非的全球布局，为华为的全球化战略提供了最具竞争力的人才储备。

无独有偶，在广州上空鸟瞰广州图书馆新馆，整个建筑就是一个"之"字造型。像任正非这样经历过大风大浪之人，对人性的洞悉必然透彻，钟爱"之"字，大道至简！这让我想起中国当代著名哲学家、《中国哲学史》作者冯友兰老先生的一句名言："任何值得去的地方，都没有捷径。"

韩信与阿庆嫂

伟大的背后都是苦难·大丈夫能忍胯下之辱

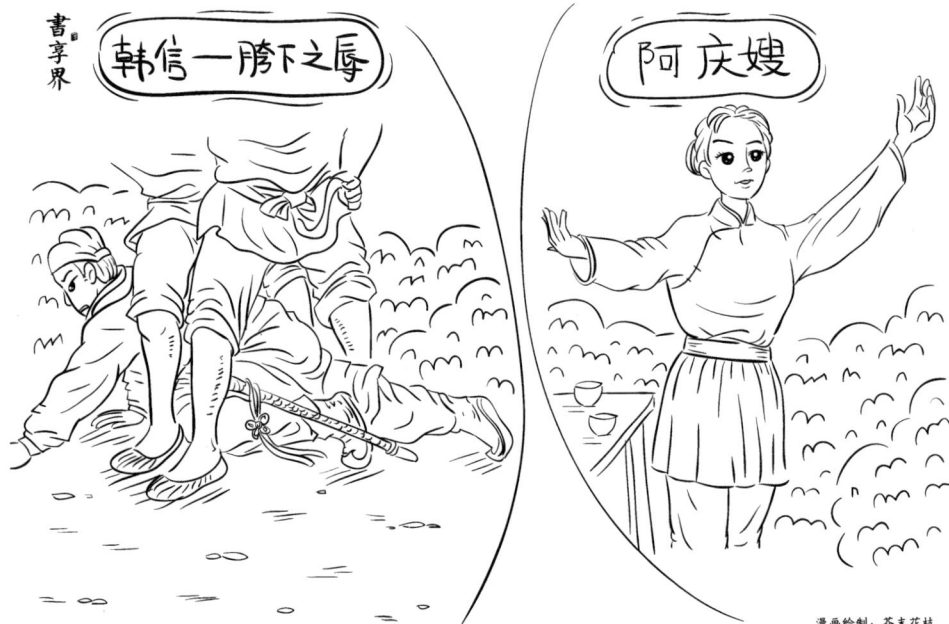

韩信与阿庆嫂

【按　语】华为首任人力资源总监张建国在回顾华为创业早期时，谈到一个有意思的场景："任正非给我们讲人生，说他最崇拜的只有两个人：一个是韩信，能忍受胯下之辱，最后成了大将军；另外一个是阿庆嫂，八面玲珑。"

资料来源：张建国，1990年加入华为，华为原副总裁、华为第一任HRD，曾全程主导华为人力资源管理体系的建立，2004年出任中华英才网总裁。

任正非很善于从历史人物和文学人物中找到让华为人学习的榜样，在华为创业早年间，他经常提起的两位人物是韩信和阿庆嫂。

韩信是中国历史上杰出的军事家，西汉开国功臣。刘邦在他的帮助下击败了西楚霸王项羽，从而建立了汉朝。韩信在很小的时候就失去了父母，主要靠钓鱼换钱，还得靠一位漂洗丝絮的老妇人的施舍才能勉强维持生活，屡屡遭到周围人的歧视和冷遇。有一次，一群当地恶少当众羞辱韩信，其中一个屠夫对韩信说："你虽然长得又高又大，喜欢带刀佩剑，其实你的胆子小得很。有本事的话你就用佩剑来刺我，如果不敢，就从我的裤裆下钻过去。"韩信自知势单力薄，硬拼的话，自己肯定吃亏。于是，在许多人的围观下，他从那个屠夫的裤裆下钻了过去，史书上称之为"胯下之辱"。韩信其实并非胆怯，而是有着看清局势的睿智。《易·系辞下》中的"尺蠖之屈，以求信也；龙蛇之蛰，以存身也"就在告诫我们，"屈"是一种大智慧。"识时务者为俊

89

杰"，这是一条经过千锤百炼得出的古训。多少风云人物、英雄豪杰都因能屈能伸而叱咤风云，所向披靡。

阿庆嫂是京剧《沙家浜》中的人物形象。在剧中，阿庆嫂、刁德一和胡传魁三人演绎的最精彩的唱段"智斗"，在群众间广为流传，家喻户晓。这一唱段，主要描写了阿庆嫂为掩护18位伤病员，防止他们遭到日本侵略者及汉奸的迫害而与敌人展开的一番斗争。阿庆嫂虽为柔弱女子，但沉着冷静，不卑不亢，不畏恶势力，以茶馆老板娘的身份作掩护，凭借自己的随机应变和机智，抓住敌人的弱点，利用刁、胡之间的矛盾，机智地对答，进行了紧张复杂的斗争，最终化险为夷，使18位伤病员安全转移。

在华为创业的早年间，同期的竞争者至少200家；华为因为资源很少，力量很薄弱，开展工作时遭遇重重困难。有一些市场人员受不了被强大的竞争者"辗轧"的耻辱而离开华为；有一些市场人员是技术研究出身，不太会与客户打交道，在与强大的竞争者发生正面冲突的过程中，缺乏随机应变的能力和足够的智谋，导致市场局面迟迟打不开。任正非希望华为干部和市场部学习韩信和阿庆嫂，就是希望他们学习韩信的委曲求全，在自己势能不够时能受得了胯下之辱；学习阿庆嫂灵活的处事方式，以结果和大局为重。

我讲授"华为管理之道"这门课累计300余场，多次被企业家学员问到读什么文章可以系统性地了解任正非，我的建议是读任正非写的两篇著名文章：2001年年初写的《我的父亲母亲》和2011年年末写的《一江春水向东流》。任正非在前者中自述了创办华为之前44年的人生经历，在后者中自述了创办华为25年来的人生经历。两篇文章串起来，就是任正非至今为止的主要经历（之所以是"至今为止"，是因为任老板是喜欢打破陈规之人，尽管如今已经 75 岁，但据说他的心理年龄不到 30 岁，估计后续他还会"折腾"出很多新东西出来）。我反复阅读这两篇文章，对"忍辱负重是人类最伟大的美德""伟大的背后都是苦难"有了更深层的认知。

2018 年 12 月 1 日，加拿大警方在加拿大机场扣押了任正非的女儿、华为 CFO 孟晚舟，华为进入一个危机时期。在这之后半年的时间里，任正非破天荒地高频次会见中外媒体，其中 2019 年 4 月 13 日他在接受美国 CNBC 采访时说的这句话让我触动很深："我们公司自创建以来，就是'夹着尾巴做人'的，不觉得我们自己有什么可骄傲的东西，可以凌驾在任何国家的法律、任何国家的技术上。如果我们不遵纪守法，可能一天都活不下来。"有多少企业老板是愿意夹着尾巴做人的，而且坚持 30 年？这是杰出商业领袖和一般生意人的关键区别所在！

任正非一生不问政治，在商言商，一心通过做好华为公司实现自己的产业报国梦。

蓝军部

打败华为的只能是华为自己·没有成功只有成长

漫画绘制：芥末花枝

蓝军部

【任正非语】伦敦风控中心已建设四年，"蓝军"组织基本成形，对"红军"作业进行了抽查和挑战。风控中心要走出围墙，要走到现实生活中去。

下一阶段，"蓝军"要思考如何支持"红军"打胜仗。"蓝军"不仅要挑战"红军"，而且要拿出比"红军"更优的方案去合规产粮。这样，才能证明"蓝军"的专业水平不限于纸上谈兵。

"蓝军"的建议，"红军"不一定接受，"红军"背负着业务成功的责任，应由他们自主决策。环境和条件的成熟度，都制约着我们在方案选择上的空间。"蓝军"能够提出挑战，就是水平，能够在挑战的同时提出可落地的方案，就是高水平。

资料来源：任正非在伦敦 FRCC 听取贸易合规和金融合规汇报时的讲话，2017 年 9 月 13 日。

"蓝军"，顾名思义，是与"红军"（代表正面部队）对抗的军队。"蓝军"是国际上对敌军模拟部队的专称，是指在模拟对抗演习中，扮演假想敌的部队。它可以模仿世界上任何一支军队的作战特征与"红军"进行针对性训练。"蓝军"的作战方法是"出人意料"的，这就给"红军"带来了很大的威胁，"红军"只有经常与"蓝军""打交道"才不会打败仗。

强大的"蓝军"使"红军"在演习中不断进步，我国的解放军部队就是通过这样的"红""蓝"对抗来持续提高战斗力的，使部队在未来的战争中立于不败之地。"蓝军"的作战方式使"红军"在演习中失败，经过不断地演习，"红军"总结出更多的经验和战法，不断反思战败的原因，这样才能提高部队的作战水平。从2011年组建以来，作为我军部队的"磨刀石"，"蓝军"也让"红军"认识到了战争的残酷性，让所有的"红军"心存敬畏。

一支好的"蓝军"，需要有一位好的领军人，满广志就是这样一位传奇人物。满广志是现任中国陆军第一蓝军旅旅长。1974年出生的他，中国人民解放军军事科学院国际战略专业研究生毕业，上校军衔。满广志通晓外军情况，精通信息化，了解联合作战，是全军的优秀指挥员。以往，中国军队的演习一般都是"红必胜、蓝必败"的结果。满广志认为，如果蓝军不狡猾，就达不到磨砺、摔打"红军"的目的。在满广志的带领下，这支被称为"草原战狼"的"蓝军"，多次战胜"红军"，取得一次次压倒性胜利。因此，大家称满广志为"六边形蓝军旅长"。所谓的"六边形"来源于游戏术语，一般游戏中的人物属性会有6个——攻击、防御、机动、装备、破阵、掌兵，如果6个属性都是满格，就会形成六边形。大家用"六边形"来形容满广志，表达了大家对他各项技能的极高评价。

在华为内部，"蓝军"和"满广志"是高频词，在华为员工中形成广泛的认知。华为是一家具有自驱动变革文化的公司，任正非具有强大的危机意识，华为过去30多年虽然取得不错的成绩，但其面临的挑战和危机也是此起彼伏的。如果自身不能做到居安思危，在成功时保持清醒的头脑，对自身及时进行自我批判，未来打败华为的将是华为自己。正是意识到这一点，任正非为了规避因战略决策失误而带来的巨大风险，在华为战略管理部下，创建了一个最为神秘的部门——华为"蓝军"部。

华为"蓝军"部的职责就是去对抗"红军"的执行战略和方案，考虑在内部如何"打倒"华为。"蓝军"部门要从不同的角度观察"红军"部门制定的战略和技术发展路线，并采取逆向思维分析"红军"的产品、战略和解决方案，从而找出"红军"的漏洞，或者模拟竞争对手的策略来对抗"红军"。

在华为一线部门，每年都会举行各种形式的"红、蓝军"对抗赛，旨在提高华为一线员工的作战能力。在通常情况下，"蓝军"和"红军"之间的对抗要花几个月的时间进行辩论，在这一时间段内，"蓝军"会在仔细调研和分析论证的基础上，持续攻击"红军"。等到双方打得差不多的时候，任正非再拍板决定选择哪条路线作为华为的战略选择。任正非本人对"蓝军"的价值非常看重，他说："要想升官，先到'蓝军'去，不把'红军'打败就不要升'司令'。"

在华为的内部论坛"心声社区"上，"蓝军"经常发帖炮轰"红军"，把华为当前的不合理做法充分暴露出来，促使"红军"快速改进。"蓝军"除了直接"对抗"各个业务部门，也是第一个敢于直接对任正非提出批评的部门。其中，在2018年4月，华为"蓝军"部长潘少钦批评任正非的《过深、过细、过急、过于强势……华为"蓝军"批判任正非10宗罪》一文在业界广为流传。在这篇文章中，潘少钦从任正非本人的"过于强势"到公司管理的各种不合理制度，总结出了"任正非10宗罪"，文章内容非常直白、透彻。

一、过于强势，指导过深、过细、过急。

二、过早否定新技术、新事物。

三、价值分配机制不合理，存在"一刀切"现象。

四、极端中庸、过多妥协。

五、干部管理过于复杂，风险大、效率低。

六、不重视专家，专家的价值被矮化。

七、过度强调高管的海外经历。

八、过分强调"汇报"内容。

九、很多管理思想要求适用面小。

十、把战略预备队和资源池混为一体。

其实，在华为，"蓝军"思想存在于方方面面，是华为自我批判文化的一种形式。任何领域、任何流程，任何时间、任何空间都有"红蓝对决"。如果有的组织出现了反对力量，只要它们不是恶意挑拨离间、歪门邪道，组织就需要包容和理解它们。只有百花齐放、百家争鸣，员工的聪明才智才能真正地发挥出来。我们雇用员工，购买的不仅仅是员工的时间，更多的是员工的全身心投入。

泰坦尼克号

华为的冬天与北国之春·生于忧患，死于安乐

泰坦尼克号

公司所有员工是否考虑过，如果有一天，公司销售额下滑、利润下滑甚至破产，我们怎么办？我们公司的太平时间太长了，在和平时期升的官太多了，这也许就是我们的灾难。泰坦尼克号也是在一片欢呼声中出海的。而且我相信，这一天一定会到来。面对这样的未来，我们怎样处理，我们有没有思考过。我们好多员工盲目自豪、盲目乐观，如果想过的人太少，也许这一天就快来临了。居安思危，不是危言耸听。

资料来源：《华为的冬天》开篇语，任正非，2001 年 2 月。

这是在业界广为流传的任正非重磅文章《华为的冬天》的开篇语，其中充满了任正非对华为前途的担忧。《华为的冬天》发布不久，任正非在 2001 年 4 月的《北国之春》一文中再次谈道：

华为经历的太平时间太长了，在和平时期升的官太多了，这也许会构成我们的灾难。泰坦尼克号也是在一片欢呼声中出海的。我们有许多员工盲目地自豪，他们就像井底之蛙一样，看到我们在局部产品方面偶然领先西方公司，就认为我们公司已经是世界领先水平了。他们并不知道世界著名公司的内涵，也不知道世界的发展走势，以及别人不愿意公布的潜在成就。我们中的一些人从来没有站起来过，稍微一站起来，就盲目地乐观，不切实际地自豪。华为在这方面更年轻，更幼稚，更不成熟。

在这两次讲话中，任正非都特别提到一艘船："泰坦尼克号"。

泰坦尼克号（RMS Titanic）邮轮，又译作"铁达尼号"，是英国白星航运公司下辖的一艘奥林匹克级邮轮，于 1909 年在北爱尔兰贝尔法斯特港的哈兰德与沃尔夫造船厂动工建造，1911 年 5 月下水，1912 年 4 月 2 日完工试航。泰坦尼克号是当时世界上体积最庞大、内部设施最豪华的客运轮船，有"永不沉没"的美誉。然而不幸的是，在处女航中，泰坦尼克号便遭厄运。它从英国南安普敦出发，途经法国瑟堡 – 奥克特维尔以及爱尔兰科夫，驶向美国纽约。1912 年 4 月 14 日 23 时 40 分左右，泰坦尼克号与一座冰山相撞，造成右舷船艏至船中部破裂，5 间水密隔舱进水。次日凌晨 2 时 20 分左右，泰坦尼克船体断裂成两截后沉入大西洋底约 3 700 米处。在 2 224 名乘客及船员中，逾 1 500 人丧生，其中仅 333 具罹难者遗体被寻回。泰坦尼克号沉没事故是和平时期死伤人数最为惨重的一次海难。

电影《泰坦尼克号》是美国二十世纪福斯电影公司、派拉蒙影业公司出品的爱情片。影片以 1912 年泰坦尼克号邮轮在其处女航时触礁冰山而沉没的事件为背景，讲述了处于不同阶层的两个人——穷画家杰克和贵族女露丝抛弃世俗的偏见、坠入爱河，最终杰克把生存的机会让给了露丝的感人故事。该影片于 1997 年 12 月在美国上映，1997 年 12 月 18 日在中国香港上映，1998 年 4 月在中国内地上映。

随着《泰坦尼克号》电影的公映，泰坦尼克号已经无人不知，这艘号称"永不沉没"，当时最大、最现代和最奢华的豪华游船的沉没，给我们带来的是杰克和露丝凄婉的爱情故事。但是任正非所关注的不是这个爱情故事。他告诫华为的干部与员工："记住一句话——'物极必反'，这一场网络、设备供应的冬天，也会像热得人们不理解一样，冷得出奇。没有预见，没有预防，就会冻死。到那时，谁有棉衣，谁就活下来了。"

任正非的名篇《华为的冬天》发表于 2001 年。2001—2003 年是华为的冬天，华为濒临崩溃，非常艰难。任正非说他就是在那个时间得了严重的抑郁症，对此，当时很多基层的华为人并不知情，他们只是感觉工资有 2～3 年没涨了。大多数人愿意同甘，不愿意共苦，当时华为的人才流失很严重。我在这里举一个案例：所有员工在进入华为的时候，工号是按入职顺序排号的，假如你入职的时候是 5000 号，后面是 5001 号，5002 号……。在华为公司里有一个内部公开的通讯录，你可以根据工号查到在你前面入职的人是谁，在你后面入职的是谁。当时，在职员工经常在上面一查，前面的几个人走了，后面的几个人也走了，大量的人走了……华为的冬天，是真冷！

2001 年 4 月，任正非东渡日本。面对家庭的变故和行业的冬天，在身患抑郁症的情况下，他去日本寻求"活下去"的答案，也因此深情地写下了《北国之春》一文。他在日本松下公司考察时，被一幅画深深地触动。他写道："在松下电工，不论是在办公室、会议室，还是在通道的墙上，随处都能看到一幅招贴画，画上是一艘即将撞上冰山的巨轮，下面写着'能挽救这艘船的，唯有你'。其危机意识可见一斑。在华为公司，我们的冬天意识是否那么强烈？是否传递到了基层？是否人人行动起来了？""就如松下电工昭示的搭救冰海中的沉船的唯有本企业员工一样，能救华为的，也只有华为自己的员工。从来就没有什么救世主，也没有神仙皇帝，要创造美好的明天，全靠我们自己。"

时隔15年之后的2016年，任正非在题为"前进的路上不会铺满了鲜花"的讲话中，再次提到泰坦尼克号："泰坦尼克号是在一片欢呼声中出海的，与华为的今天何其相似。沿着惯性，华为还有3～5年的高速增长，3～5年后呢？百年前生产泰坦尼克号的贝尔法斯特在工业革命中是何等的繁荣呀！匹兹堡、底特律也曾是世界经济的中心，斗转星移，换了人间。三十年河东，三十年河西，华为也三十年了，要想不死，就必须自我改革，激活组织，促进血液循环，焕发青春活力。"

任正非通过泰坦尼克号这艘邮轮，看到的是辉煌背后的险恶，成功之后的危机，向公司传递的是未雨绸缪的危机意识。华为，很庆幸有这样一位清醒的领军人，在大家垂头丧气时鼓劲，得意扬扬时泼冷水。正是因为他的领导，华为这艘巨轮才平稳地走了30余年。孟子说："生于忧患，死于安乐。"中美贸易战，一方面会给华为带来巨大的发展机会；另一方面，华为将可能面对更大的暗礁和冰山。对于解决之道，任正非也已经给出了明确的答案："在世界大潮中，我们只要把危机与压力传递到每一个人，每一道流程，每一个角落，不断提升效率，不断降低成本，就有希望存活下来。"

红舞鞋

前进的路上不会铺满了鲜花·冷板凳要坐十年

漫画绘制：芥末花枝

红舞鞋

【任正非语】我们的队伍不要为 1 500 亿、2 000 亿美元的口号所累，不要穿
上红舞鞋。公司说的这个目标，是在指引公司的结构改革、机制
改革、流程改革……以适应未来真正能达到时，我们的能力能与
之相适应，不是指标，不是 KPI，而是核心竞争力，否则我们就
是叶公好龙。

资料来源：《前进的路上不会铺满了鲜花》，任正非在 2016 年市场
年中会议上的讲话，2016 年 7 月 12 日。

　　《红舞鞋》是丹麦著名作家安徒生于 1845 年创作的一则童话故事。170
多年来，它在全世界广泛流传，也有很多不同形式的改编版本，包括电影、
话剧等。这则童话故事的概要：有一双非常漂亮、吸引人的红舞鞋，姑娘们
穿上它，跳起舞来都会感到更加轻盈且富有活力。因此，姑娘们见了这双红
舞鞋，眼睛都发亮，谁都想穿上这双红舞鞋翩翩起舞一番。但传说这双红舞
鞋是一双被施了魔法的鞋，一旦有人穿上它跳起舞来，她就会永无休止地跳
下去，直到耗尽自己的全部精力。有一天，有一位热爱跳舞的年轻姑娘，实
在抵挡不住这双红舞鞋的魅力，她不听家人的劝告，悄悄地穿上它跳起舞来。
果然，她的舞姿轻盈优美，富有活力。在大家的喝彩声中，这位年轻姑娘也
获得了极大的满足感，她不知疲倦地一直跳着。夜幕在不知不觉间降临了，
观看姑娘跳舞的人都回家休息了。这位姑娘也开始感到倦意，想停止跳舞，
但是，由于红舞鞋的魔法，她无法停下舞步，只得继续跳下去。故事的结局：

当第二天太阳升起的时候，人们发现姑娘安静地躺在一片青青的草地上。她的双脚又红又肿，她的旁边散落着那双永不知疲倦地仍在跳舞的红舞鞋。

我们在同情这位姑娘命运的同时，是否想过，我们的企业也不知不觉已经穿上了"红舞鞋"？我们是否因为追求销售额、利润、市场份额、战胜竞争对手等，而忽略了为客户提供有价值的产品和服务才是经营企业的真正目的？是否忽略了把企业做久而非一味追求做大才是可持续的生存之道？是否忽略了沉下心来构建企业真正的战略护城河？

在企业家要时刻认知企业生存与发展的主动权的问题上，任正非呼吁"企业不可穿上红舞鞋"。为此，华为总裁办顾问陈培根教授还写过一篇文章，并在《华为人》上发表过。任正非想用这个童话故事告诫华为的所有员工："我们现在想的不是企业如何去实现利润最大化，而是考虑企业怎么活下去，如何提高企业的核心竞争力。"

企业家的首要责任，不是寻找让企业当下魅力无限的红舞鞋，而是寻找能让企业在未来生存的方法。企业的活法是以独特的核心竞争力来创造出顾客需要的真正价值。因为企业的核心竞争力是由顾客的需求和市场决定的，所以它实际上是一种能够对商业生态系统的变化做出敏捷反应、使其能够维持生存的能力。这种能力也是所有职业经理人必须具备的。无论何时，企业家和职业经理人都必须确保企业能够坚持自己的战略意图，对来自各个方面的诱惑始终保持清醒的头脑，不让企业穿红舞鞋，从而牢牢地掌握企业生存与发展的主动权。

从这个角度去想，或许大家就能够理解华为为什么始终坚持不上市了。

资本是逐利的，且很多资本是看中短期回报的。如果一家追求基业长青的企业上市了，它就必须牺牲短期利益来持续进行战略投入，从而产生短期收益和长期收益之间的矛盾。假如华为上市，单从华为每年把销售收入的 10% ～ 15% 投入研发这一点，就很难获得资本市场股东们的表决通过，资本就变成那双穿在华为脚上的"红舞鞋"。任正非没有选择这条路，他是这个时代的智者！

回归经营本质
以客户为中心

第 3 章

经营当下的生意

价值为纲

/ 谁是我们的客户·谁是我们的伙伴

漫画绘制：芥末花枝

价值为纲

【任正非语】对于"客户方案云",第一点是要能支持我们看清客户的网络;第二点是,我们通过分析客户的网络数据,提出一个合理的、有前瞻性的细分级网络建设的建议。这个建议提给客户,就是可用的、可推荐的。我们这样做,就使客户投资有效性大大增强,客户接纳了,就会买你的产品。

在有些国家,客户全买我们的设备,但经营不好,我认为你们那只是把产品销售出去,而没有帮助客户去赚钱。客户应该在哪块投资,把高价值区域做厚,不做低价值区域……我们要帮助战略伙伴实现价值。

资料来源:《打造运营商 BG "三朵云",将一线武装到牙齿》,任正非在运营商 BG 营销装备建设思路汇报会上的讲话,2015 年 1 月 9 日。

我身边有不少朋友,他们人到中年,想出来创业,但被很多因素困住,前怕狼后怕虎,做了各种分析,唯独没有找出要解决的首要问题。创业与打仗不同,我们不需要把眼光盯住敌人,只需要把眼光盯住我们的服务对象,从中找出我们做企业要解决的首要问题:"谁是我们的客户?谁是我们的伙伴?"

1. 谁是我们的客户

不少人创业时很喜欢谈商业模式,他们在写商业计划书时,大书特书商业模式方面的内容。我看过的对商业模式的论述中，没有一个比"管理大师中的大师"彼得·德鲁克的论述更精辟。

德鲁克认为，关于商业模式，只需要回答以下4个问题：

（1）谁是企业的客户？

（2）什么是客户认可的价值？

（3）企业的客户战略是否与经营战略相匹配？

（4）企业能够从客户那里获得什么成果或价值？

从以上4个问题中，你会发现，德鲁克的视角和我们常规的商业计划书中的视角有很大的不同。我们的大部分商业计划书是以产品为中心的，而德鲁克是以客户为中心的。这个差异的根本原因在于，底层商业基本假设完全不同。以产品为中心，则商业基本假设是：客户价值是由企业创造的。以客户为中心，则商业基本假设是：客户价值是由客户和企业共同创造的。基本假设决定经营行为，我们很多企业学习华为总是学不会的原因，就是没有理解华为的基本假设。

企业最大的浪费，不是员工上班时间刷微信，不是花了广告费没效果，也不是办公室租大了浪费，而是大家辛辛苦苦加班加点生产出来的产品没人要。我们总是假想谁谁是我们的客户，费了九牛二虎之力终于发现这些竟然是"假客户"。

什么叫真正地"以客户为中心"？很多员工没有理解华为核心价值观"以客户为中心"的真正含义。任正非给出了一个答案：它是指以真正付钱给华为的人为中心。任正非说："优质资源要向优质客户倾斜。什么是优质客户？

给我们钱多的就是优质客户。让我们赚到钱的客户，我们就派'少将连长'过去，把服务成本给提高了，'少将'带个连去服务肯定好过'中尉连长'的服务。我们要以客户为中心，在技术上不应该持有狭隘的立场，我们不知道世界未来怎么演变，也不知未来谁胜谁负。"

那么，究竟谁是真正付钱的人？我们是赚他痛点（逃离痛苦）的钱还是赚他甜点（追求幸福）的钱？究竟真实的消费场景是什么？没有真实的消费场景，就没有真实的客户；没有真实的客户，我们就没有来自客户的真实现金流；没有真实的现金流，创业就会失败。

如何找到真实的客户？我看到身边的创业者探索了很多种方法，最好的方法是"体验—迭代"法。我的建议是：真的不要追求完美，一开始就要放低姿态告诉客户你是在创业，拿你的"半成品"给客户体验，迭代，再体验，再迭代。这就是华为做新产品的制胜之道——与客户成立联合创新实验室，基于真实的、有人买单的场景去创新，不要试图一下子就拿出一个让客户惊艳的产品，做出的东西有人持续买单才是成功。

2. 谁是我们的伙伴

中国著名管理学家陈春花教授对互联网的上下半场有一个精辟的论述，我把大意转述一下。互联网的上半场有 3 个关键词：产品、服务、渠道。在上半场，你基于这 3 个关键词去做，会活得很滋润。但进入互联网的下半场，你只做到这 3 个关键词还不够。互联网的下半场有另外 3 个关键词：倡导、连接、合作。或者说，在下半场，你得在"产品、服务、渠道"中加入"倡导、连接、合作"的属性，否则你就没有创新的拳头产品，只能成为别人的代工生产厂家。

为什么要倡导？因为在价值多元化的时代，你没有倡导，就没有标签；没有标签，就无法凝聚人才，就没有人跟你走。

为什么要连接？因为你自己的力量是不够的，你在职场积累十几年的经验也不足以应对快速变化的环境，真正有价值的资源不在办公室，你需要随着环境的变化连接外部资源。

为什么要合作？因为建立在商业上的友谊，远比建立在友谊上的商业更加靠谱和持久。企业就是一个功利组织，如果没有真正的商业合作，友谊的小船就会被冲得渐行渐远。

当我们谈到创业伙伴时，我们总是想到"合伙人"，其实它不是这么窄的概念，更准确的表述是，创业伙伴是因为认同你所倡导的价值观而与你连接的人。伙伴就是你准备要做一件事情时，能帮你一起构建势能、能让客户产生信任感的人。伙伴让客户感受到产品、服务是可持续的，而不取决于你个人是否亲自抓这件事。

我研究了业界比较好的创新社群发现，它们都有一堆志同道合的创业伙伴。比如笔记侠，全国有600位笔记达人；拆书帮，全国有300位拆书家；樊登读书会则通过讲书大赛精选出不少"讲书人"；书享界的智库也有众多专家支撑……可以说，没有伙伴，你最终只能是"伟大的个体户"，有心无力，鞭长莫及。

回到华为，它之所以能持续成长，是因为任正非始终坚持一点：价值为纲！做厚客户界面，做厚伙伴界面！企业在经营管理过程中，必须隔一段时间问一次以下两个问题：谁是我们真正的客户？谁是我们真正的伙伴？

深淘滩、低作堰

深挖内部管理·做厚伙伴界面

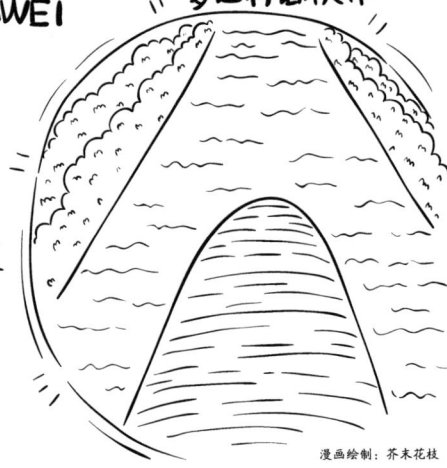

深淘滩、低作堰

【任正非语】"深淘滩，低作堰"是 2 000 多年前的李冰父子留给我们的深刻管理启示。同时代的古巴比伦空中花园、古罗马浴场已荡然无存，而都江堰仍然在灌溉、造福成都平原。为什么？

李冰留下"深淘滩，低作堰"的治堰准则，是都江堰长盛不衰的主要"诀窍"。其中蕴含的智慧和道理，远远超出了治水本身。华为公司若想长存，这些准则也是适用于我们的。

资料来源:《深淘滩，低作堰》，任正非在运作与交付体系奋斗表彰大会上的讲话，2009 年 4 月 24 日。

2009 年，华为内部有一个超级热门的词汇：都江堰。华为上下都在探讨都江堰对华为经营管理的启发，这是怎么回事？

都江堰，是战国时期李冰父子修建的水利工程。在 2008 年汶川大地震之后，任正非去了一趟四川都江堰。他站在都江堰堤坝上望着经典的鱼嘴架构，感慨万千。都江堰真是一个好产品啊，它的鱼嘴架构是个很好的产品架构，2 000 多年过去了，也没有人提出要改变这个架构。历经 2 000 年的风风雨雨，同时代的古罗马浴场、古巴比伦空中花园早已灰飞烟灭，都江堰至今还在润泽成都平原。但鱼嘴结构只是表面呈现，更深层次的秘诀是什么呢？秘诀就写在都江堰旁边的一座庙里。这座庙叫"二王庙"，是后世老百姓为了纪念李冰父子修建的。庙门口竖立着一块大石碑，上面写着 6 个字："深淘滩、低作堰"，这是李冰父子留下的养护都江堰的古训。

李冰父子认为，建设一个水利工程并不是最难的事，最难的是维护和运营，尤其是他们离世后，后人怎么能用简易的方法运营好它。李冰父子作为水利专家，知道很多水利工程最后被废弃，是因为上流冲积的淤泥堵塞，于是他们提出3个字：深淘滩。他们要求后人，在每年的枯水期都要对都江堰河底的淤泥进行清理，如果清理不及时，就会抬高河床，引发灾难。但这也只是一个要求，人性的惰怠可能导致淤泥清理不彻底，李冰父子的厉害之处在于，他们在提出要求的同时，也给出了检查机制——"我在河床下埋了石马，你们每年挖淤泥时，一直挖到我埋的石马再停"。这些石马，一直沿用到明代，才被改埋的卧铁代替。治理企业也是同样的道理，如果企业不把内部的"淤泥"——腐败、低效、落后的东西挖出来，别人就不会和我们玩，我们也就没有了合作伙伴。

同时，李冰父子留下了另外3个字："低作堰"。堰就是堤坝，李冰父子提醒后人，切忌用高作堰的方式在枯水季节增加宝瓶口的进水，那是一种急功近利的做法，在洪水季节会造成严重淤积，使工程废弃。堤坝中流的是水，在企业场景中，水就是财富，你不让别人获得利益，别人就不愿意和你玩了。

任正非有一个令人敬佩的长处，他总是能将自然科学的规律迁移到社会科学中并加以实践。2009年，华为内部都在围绕李冰父子2 000多年前留下的6个字"深淘滩、低作堰"写心得文章和开展讨论。"深淘滩、低作堰"这6个字，点出了企业管理的本质——既要使自己的内部管理保持耗散架构，还要舍得给合作伙伴和员工分钱，这样企业才能持续发展。

优秀企业之所以优秀并不是它的内部管理没有问题，而是它具备自清机制。华为是一家以长期开展"自我批判"著称的公司，2014年内部反腐，收缴反腐资金3.74亿元，任正非选择把它平分给全体员工，每人分得2 500元，这样做激发全体员工"深淘滩"，及时清除华为的"淤泥"。在日常管理中，只有通过不断地挖掘内部潜力，降低运作成本，才能为客户提供更有价值的服务。幸福都是奋斗出来的，华为通过构建"获取分享制"来激发员工一路向前。

有多少企业老板面对利润时能控制自己的占有欲？华人富豪李嘉诚与人合作的秘诀是：如果赚取10%是正常的，赚取11%也是合理的，他会选择只赚取9%，而让合作伙伴多赚一个点。华为所在的行业，是高投入、高产出的行业，华为在行业内具有较强的定价权，但它选择控制贪欲，不求暴利。我在这里分享一个小案例：华为之前一直从事通信设备生产销售，当全网设备累积到一定数量时，就可以从事服务销售。当时有主管提出，既然华为设备已经在网，就可以把服务价格定得高一些，任正非当即表示不要定高价，只需要保持行业合理利润就好。

看了任正非这个决策，我们非常感慨，他真是太懂人性了。曾国藩有一句名言："久利之事勿为，众争之地勿往"，华为从事的是通信行业，技术门槛高，又涉及多个国家的通信命脉，非常敏感。因此，华为的生存之道是不搞瓜田李下，只在商言商。但这还不够，如果这个行业因为技术门槛高，当"堤坝"很高而导致"堤坝"内的利润一直很高时，就会有各种各样的"资源"惦记这块利润，就会有更强大的竞争对手进场，就会使华为的生存环境恶化。因此，对华为来说，采用优质低价是最佳的竞争策略：高质量，虽然需要高成本，但给客户的价格是在成本之上的合理加成，华为保持合理利润即可。不要高利润，就是坝不要建得太高，而要"低作堰"。如何才能把高质量带来的高成本的坑填平，那就得深挖内功。持续降低自身成本，比竞争对手具有更低成本、更高效率、更大规模的优势，从而保持自身强大的生存能力，这就是"深淘滩"。因为没有暴利，各种"资源"方看到无利可图就无心进场了，这实际上是抬高了新进入者的门槛。同时，因为没有强大的竞争对手进来，华为就能活得更久，就能细水长流、持续地赚钱。好的商业模式是赚钱的关键要素。华为一贯主张赚小钱不赚大钱，不追求利润最大化，只追求合理的利润，这并不是任正非的矫情，而是他对人性洞悉后的智慧决断。

大道至简，李冰留下"深淘滩，低作堰"的治堰准则，是都江堰长盛不衰的主要"诀窍"。其中蕴含的智慧和道理，远远超出了治水本身，它与现在华为的生存法则是如此地相似。

磨好豆腐

磨好豆腐

【任正非语】首先我们是一个商业公司，我们不应该过问政治，因为政治是政治家的政治，不是我们的政治，我们不懂政治。我们还是要踏踏实实地为客户提供好的服务，这样我们就会获得成功。其实华为的成功很简单，没有什么复杂的道理，我们就是正正经经地为客户服务，我们的眼睛就是看到客户口袋里面的钱："你能不能给我点钱？你能不能再给我点钱？你能不能多给我点钱？"你看如果客户都不给我们钱，就说明你们日本代表处对客户不够好。所以我们真心地为客户服务，客户就会把口袋里面的钱掏出来给我们。我们没有什么复杂的价值观，特别是小公司，不要这么多方法论，认认真真地把豆腐磨好就会有人买。

资料来源：任正非与日本代表处、日本研究所员工座谈纪要，2016 年 4 月 5 日。

最近几年有一种流行的观点认为，在互联网时代，过去的工业科学管理的思想和方法已经过时了，现在需要的是创新，是想象力，是颠覆，是超越。任正非认为互联网并没有改变事物的本质，汽车必须首先还是车子，豆腐必须是豆腐，豆芽必须是豆芽。互联网主要解决了信息传送的速度和广度问题，它不能改变事物的本质。大家不要认为现在是互联网时代，过去工业管理的科学就都过时了，也不要认为科学管理和创新是对立的，更不能动不动就强调颠覆，而是要老老实实地向一些先进的西方企业学习，把管理落地。

为了进一步支撑这个观点，热爱读书的任正非从历史的角度对其进行了进一步的论述：蒸汽机和电力都曾在各个产业和人类社会生活中起过革命性的作用，但这些技术革命不是颠覆，而是极大地推动了社会和生产的进步。互联网也不例外，其本质作用在于用信息化改造实体经济，增强实体经济优质、低成本和快速响应客户需求的能力，一句话，互联网可用于提升实体经济的核心竞争力。对于华为来说，首先是做好主营业务，然后才是用互联网的方式来支撑，大家不要搞颠倒了。因此公司不要炒作互联网精神，而应该踏踏实实地夯实基础平台，实现与客户、与供应商的互联互通。

商业的本质就是价值买卖。因此，经过近30年的提炼，华为董事会明确了不以股东利益最大化为目标，也不以其利益相关者利益最大化为原则，而坚持以客户利益为核心的价值观，把"以客户为中心"作为核心价值观的第一条，驱动员工为之努力奋斗。

客户的利益所在就是企业生存发展最根本的利益所在，产品路标不是企业自己画的，而是源于客户的需求。公司的最终目标是获得商业成功。作为公司，应该聚焦客户关注的痛点、面临的挑战和压力，以客户的痛点为切入点，帮助他们解决问题，提升他们的体验。总之，"以客户为中心"就是帮助客户取得商业成功。

当企业觉得自身能力不够时，它就可以放弃一些机会，但任何时候都不能急功近利，不要为了寻求突破或追求短期利益做出伤害客户、欺骗客户的事，应该永远坚持"客户第一"的服务理念。更重要的是，在面对客户时，企业要始终坚持脚踏实地、恪职尽守地服务客户。

在越来越多的鲜花和成功面前，企业管理者不能整天夸耀成就，而需要保持谦卑的心，不断奋斗、关注客户，履行对公司、对客户的承诺，不做"挤奶工"，要做"养牛人"。唯有如此，企业才能从一个成功走向另一个成功。

客户是企业的衣食父母，企业为衣食父母服务本该是常识，但这个常识被一些心态膨胀的企业家抛弃了。任正非一直坚持尊重这个常识，因此造就了华为30年的辉煌，在未来，华为只要继续尊重这个商业常识，就会继续辉煌下去。

蛙鼠殒命

合作谨防 1+1<2 · 发挥所长才是王道

漫画绘制：芥末花枝

蛙鼠殒命

125

【按　　语】2004 年 7 月，任正非让员工将一则《蛙鼠殒命》的寓言转载在《华为人》上：一只老鼠在河边玩耍时，遇见一只英俊的青蛙，青蛙口若悬河地向老鼠介绍游泳的快乐、漂流的趣味、沼泽地里发生的奇闻逸事，老鼠则向青蛙讲述岸边的风景和田间丰富的物产，它们被对方描述的事情深深地吸引住了。开始的时候，老鼠带着青蛙在陆地上旅行，它们玩得十分开心，但到了池塘边，老鼠犯愁了，因为它不会游泳，这时青蛙善解人意地说："不要害怕，我会帮助你的。"青蛙让老鼠将爪子搭在自己的后脚上，然后用芦草将老鼠紧紧地绑在了自己的身上，就这样，它们高兴地开始了水上旅游。这时，一只老鹰看见了它们，就俯冲下来抓老鼠，青蛙赶紧往水里钻，但因为老鼠和青蛙绑在一起，青蛙的速度大打折扣。最后，老鼠和青蛙都成了老鹰的战利品。

资料来源：《华为人》，2004 年。

《蛙鼠殒命》这则寓言篇幅短小而寓意深远：陆地上的老鼠，池塘里的青蛙，它们各自都有足够的能力从老鹰的攻击下逃生；但是青蛙和老鼠捆绑之后在水中生活，就限制了各自的生存优势，从而双双成为老鹰的猎物。

2000 年，互联网泡沫破灭之后，各行各业都掀起了企业收购与兼并的浪潮，但类似老鼠和青蛙结合式的企业合作屡屡发生。

2000 年，美国在线与时代华纳宣布联合组建世界上最大的跨媒体集团，前者是网络经济的代表，后者是传统媒体的代表，这一合并在当时被称作"世纪联姻"。然而在它们合并后不久，许多问题就暴露了出来：这两家企业无论是经营方式还是企业文化都存在巨大差异，管理层也缺乏跨行业管理及整合的经验。2002 财年，美国在线时代华纳净亏损 987 亿美元，这桩"世纪联姻"演变成为"最失败的合并案例"。

2003 年，TCL 与法国最大的国家企业集团、位居全球第四的消费类电子生产商——法国汤姆逊公司正式签订协议，重组双方的彩电和 DVD 业务。合资公司取名 TCL 汤姆逊公司，简称 TTE 公司。由此，TCL 成为全球最大的彩电生产商。然而，事情并没有按照 TCL 集团董事长李东生的预期发展，并购不但没有给 TCL 带来扩展欧美市场的发展机遇，反而给 TCL 带来了巨额的亏损。收购汤姆逊后的 2005 年和 2006 年，TCL 集团遭受巨额亏损。

2004 年，刚刚走出"冬天"的华为，也面临各种并购机会。任正非希望通过这则寓言告诫华为管理层，在企业并购潮掀起的时候，要始终保持头脑清醒，特别是当华为与美国 3Com、德国西门子、德国英飞凌、加拿大北电等有联姻机会时，更要注意发挥各自的优势，一定要判断合作是否会使双方在特定时刻丧失各自的优势，不要让蚌鼠殒命的悲剧故事在经营领域再次重演。

随着中国经济的发展，中国市场在全球市场的比重越来越大，为中国企业成为世界级企业奠定了基础。企业通过并购，尤其是跨国企业并购迅速做大逐渐成为不少企业的战略选择，企业并购前考虑的最多的是如何更加有效地整合资源，而忽略了不同企业间的文化差异、管理模式差异等因素，企业兼并后必然存在大碰撞，导致 1+1<2。

任正非看到并购行为背后蕴藏的巨大风险，看到企业快速膨胀背后的危机，他坚持华为不搞纯财务投资式并购，并购目的是让华为在主航道里用多种方式划船，必须是对华为主航道有补齐效果的业务才投资。任正非始终克制自己的欲望，不投机取巧，坚持让华为广泛吸收世界电子信息技术的最新研究成果，虚心向国内外优秀企业学习，在独立自主的基础上，开放合作地发展领先核心技术体系。华为从创业到现在，业务范围限定在通信领域内，后来扩展到信息领域，至于房地产和股票投资这两个领域，华为一点都没有介入。房地产和股票市场兴起的时候，其实华为也有机会参与，但它认为未来的世界是知识的世界，因此不为所动。这就是任正非的战略定力。

2016 年 4 月 5 日，任正非与华为日本研究所员工座谈时，再次谈到他的投资观和全球文化差异："我们原则上不对外进行投资，投资就意味着终身要购买'她'的东西，因为'她'是我的儿媳妇。我们现在就是'见异思迁'，今天这个好就买这个，明天那个好就买那个。当然我们也建立战略伙伴关系，希望你别落后了。只要你不落后，我就买你的，但你落后了，我就买别人的。我们主要关心所有的产品是不是世界上最好的，而不是用我'儿媳妇'生产的产品来组装……你们到日本来，若不用日本的文化和哲学，不按日本的习惯规律做事，那我们为什么到日本投资呢？进行全球化，是需要民族、思想、文化的全球化，每个民族都有其特点。比如德国、日本的工艺做得很好，而法国人很浪漫，对色彩、数学等多方面很有见地，那么我们可以在法国建立对图像模糊数学的研究所、色彩的研究所。"

透过任正非的这些投资观，我们看到了一个时代的智者！他始终坚持自己的战略方向，不断夯实，夯实，再夯实，并在属于自己的主航道上指挥华为这艘大船破浪前行。

不做"黑寡妇"

／ 杀鸡取卵不可取·合作共生可致远

漫画绘制：芥末花枝

不做"黑寡妇"

【任正非语】华为跟别人合作，不能做"黑寡妇"。"黑寡妇"是拉丁美洲的一种蜘蛛，这种蜘蛛在交配后，母蜘蛛就会吃掉公蜘蛛，作为自己孵化幼蜘蛛的营养。因此民间称它为"黑寡妇"。以前华为跟别的公司合作，一两年后，华为就把这些公司"吃"了或"甩"了。我们已经够强大了，内心要开放一些，谦虚一点，看问题再深刻一些，不能小肚鸡肠。我们一定要寻找更好的合作模式，实现共赢。研发还是比较开放的，但要更加开放，对内、对外都要开放。想一想我们走到今天多么不容易，我们要更多地吸收外界不同的思维方式，不停地碰撞，不要狭隘。

资料来源：任正非在 2010 年 PSST 体系干部大会上的讲话。

在 10 多年前，很多企业选择和华为合作时，它们的内心很矛盾：一方面，华为走向全球，自己的企业跟随华为可以借船出海、快速做大；另一方面，华为的学习力很强，甚至它的有些部门在开发新产品没有思路时，就可能发起招标，把业界做得不错的公司叫过来完整地交流一遍，之后就没有声音了，自己的企业辛辛苦苦沉淀 5～10 年才做出的成果，华为在 1～2 年就学会了，而且自己企业的进化能力没有华为强，即使进入供应商名录，也很快就被淘汰出局。

正是基于这样的矛盾心态，很多合作伙伴在与华为交流时，总是"留一手"，就像民间的寓言：猫教老虎功夫的时候，始终留一招不教——不教老虎爬树。合作伙伴不敢和华为交心，导致华为也很吃亏：一方面使华为占领市场的时间延后，另一方面也使业界很多优秀合作伙伴、供应商不敢轻易接触华为，久而久之，华为在业界供应商中的口碑就不太好。

任正非认识到这一点后，认为这不是一个可持续的方法，于是他在2010年针对华为研发体系正式提出一个新概念：不做"黑寡妇"。

任正非用这种蜘蛛来警示华为人，不能与人合作之后就把对方"吃"了或者"甩"了。华为不做"吃人"的"黑寡妇"，而要发扬开放合作的精神，实现双赢。华为要有原创精神，但并不等于关起门来自主创新。自主创新不是封闭的，而应当采取开放合作的态度和方式，整合各方资源优势，与他人共享合作成果。

任正非反思："任何强者都是在均衡中产生的。我们可以强大到不能再强大，但是如果一个朋友都没有，我们能维持下去吗？显然不能。我们为什么要打倒别人，称霸世界？想要把别人消灭、独霸世界的希特勒，最后失败了。华为如果想称霸世界，最终也会走向灭亡。我们为什么不把大家团结起来，和强手合作呢？我们不要有狭隘的观点，想着去消灭谁。我们和强者，既要有竞争也要有合作，只要有益于我们就行了。华为发展壮大的过程中，不可能只有喜欢我们的人，还会有恨我们的人，因为我们可能让很多个小公司没饭吃。我们要改变这个现状，要开放、合作、实现共赢，不要'过河拆桥'。前20年我们把很多朋友变成了敌人，后20年我们要把敌人变成朋友。当我们在这个产业链上拉着一大群朋友时，我们就只有胜利一条路了。"

华为是一家具有强烈自我批判精神的企业，它意识到犯错误后会很快改正。所以我们看到，近几年华为一直在提倡"做厚供应商"，希望加强与优秀供应商的合作，实现共赢，其实就是"不做'黑寡妇'"的具体体现。

薇甘菊战略

像植物般扎根土壤·每分钟扩张一英里[一]

漫画绘制：芥末花枝

薇甘菊战略

[一] 1 英里 ≈ 1.609 3 千米。

【任正非语】 低端产品要做到标准化、简单化、生命周期内免维修。我们不走低价格、低质量的路，那样会摧毁我们战略进攻的力量。在技术和服务模式上，要做到别人无法与我们竞争，那就是大规模流水化。客户想要加功能，就买高端产品去。这就是薇甘菊理论，而且我们现在也具备这个条件。

资料来源：任正非在战略务虚会上的讲话，2014 年 11 月 14 日。

英国著名植物学家丹尼尔·查莫维兹有一个很精辟的观点："人们必须意识到植物是复杂的生物体，过着丰富而有感知的生活……如果我们意识到所有的植物源自让它们不能活动的'扎根'这一进化上的限制，那么我们就会开始钦佩叶子和花朵里所包含的复杂的生物能力。'扎根'是一个进化上的巨大限制，这意味着植物不能逃脱恶劣的环境，不能为寻找食物或配偶而迁移。所以植物必须形成极为敏感且复杂的感知机制，能让它们在不断变化的环境中生存下来。"

华为成立 30 多年来，一直深耕信息通信领域，不炒房、不炒股，就像植物"扎根"一片土壤，唯有追求在这一片黑土地上快速增长。2010 年左右，任正非把华为这个独特的增长特征用一种叫"薇甘菊"的植物的特征来形容。

薇甘菊是原产于南美洲的一种野草，它疯狂生长的速度超越了周围所有的植物，被植物学家称为"每分钟扩张一英里"的恐怖野草。薇甘菊只需要极少的水分和养分就能生存下来，并能迅速地蓬勃发展，以致覆盖周边其他植物。它的这一特性——迅速扩张、迅速成长，使得与它争养分、争水分、争阳光的其他植物一个个走向衰亡。

1998 年《华为基本法》发布，其中第二十二条谈到华为的经营模式。"我们的经营模式是，抓住机遇，靠研究开发的高投入获得产品技术和性能价格比的领先优势，通过大规模的席卷式的市场营销，在最短的时间里形成正反馈的良性循环，充分获取'机会窗'的超额利润。我们要不断地优化成熟产品，驾驭市场上的价格竞争，扩大和巩固我们在战略市场上的主导地位。我们将按照这一经营模式的要求建立我们的组织结构和人才队伍，不断提高公司的整体运作能力。"这种经营模式，充分体现了薇甘菊的生存逻辑。

华为成立之初，不过就是一粒草籽。一粒草籽在深圳这片刚刚开荒的热土上，长成一株小苗，然后一株小苗上有几个节点，这些节点都是以"每分钟一英里"的速度在迅速扩张，目前华为已发展成了业务遍布全球 170 多个国家及地区，服务全球 1/3 以上人口的大型跨国企业。在这一路上，华为的那些巨无霸竞争对手，如摩托罗拉、北电、朗讯、阿尔卡特、爱立信等，渐渐衰落甚至垮掉，而华为成为信息通信制造行业的领导者。

在华为，增长永远是第一位的。2018 年，尽管华为的年销售额已突破 7 200 亿元，但它依然像"薇甘菊"一样见缝插针地疯狂增长，让竞争对手不寒而栗。值得提醒大家注意的是，理解华为的"薇甘菊"理论，需要认清一个前提，即华为是"以客户为中心"作为价值获取的根基的。偏离这点，增长就变成了"杀敌一千，自损八百"的消耗战，对整个行业、客户的长久利益都是有损害的。中国互联网圈子前几年经常掀起的补贴大战就是如此，战到最后一地鸡毛的时候，被"绑架"的用户最痛苦。如今，资本投资者也更加理性，对待这种补贴大战更加谨慎，变得更加注重客户价值，市场竞争开始回归商业的本质。

云、雨、沟

化云为雨·多打粮食

云、雨、沟

【任正非语】 这些年我们的管理之所以变来变去，其实是没有真正理解西方企业的管理理念。郭平和黄（卫伟）老师提出"云、雨、沟"的概念，云是管理哲学，雨是经营活动，雨水流到地上，一定要到沟里面去，否则它就不能发电。这条沟在西方公司给我们提供的顾问文件里已经挖好了，但是我们没有读懂。华为公司可能有一些小溪流，已经形成了管理，但不是端到端的，有些是段到段的。这一段好像很优秀，但要翻过一个大墙才能流到下一段去，所付出的代价其实和这个沟没有挖是差不多的。

资料来源：任正非在德国 LTC 教导队训战班座谈会上的讲话，2014 年 6 月 5 日。

任正非有一个非常厉害的能力：总是能够把自然科学的规律，平移到社会科学中加以灵活应用。"云、雨、沟"本来是水在自然世界的循环轨迹，经过华为轮值董事长郭平和华为首席管理科学家黄卫伟教授的提议和解读，它被很巧妙地扩展成华为经营管理哲学系统。

华为的经营管理哲学，就像天上的"云"；在内外部环境的作用之下，华为化"云"为"雨"，形成日常运营的"雨"；雨水落到地上，不能放任四溅，而是应该将其引导至预先挖好的"沟"里，才能有效灌溉庄稼，长出可预期的经营之果。

"云、雨、沟"的经营管理哲学，在华为各个领域都有落地的版本，比如财经领域，"云"是将来业务部门可能出现的巨变，包括商业模式、行业、技术、对手等带来的变化；"雨"是日常经营活动，包括业务活动和财务活动，以及它们之间的联动；而这些活动要有效果，就必须落到沟里，"沟"是华为的流程体系，以及支撑流程体系有效运转的政策、制度、组织、IT系统等，它们共同牵引和约束了所有的财经活动。

业界有很多企业学华为的管理模式，总是学不会，我认为非常关键的一点是没有在"沟"这方面下足功夫。现代企业管理的经验，主要源自西方企业。为了把华为的"沟"挖好，1997年任正非踏上了去往美国的"取经"之路；他回来之后，1998年华为请IBM当老师，启动第一个变革项目——IT战略规划项目（IT S&P项目）；之后的20年，无论内外部环境如何，华为都没有停止"取经"。任正非对来自西方企业的管理"真经"非常虔诚。从他2014年回顾这段"取经"历史时说的这句话——"这条沟在西方公司给我们提供的顾问文件里已经挖好了，但是我们没有读懂"中，我们就可以看出，一个真正的学习者是多么地虔诚。

经过20年的持续深挖，华为的"沟"已经在产、供、销、服等关键领域完成多个版本的迭代：产品领域（IPD）、营销领域（LTC）、供应链领域（ISC）、服务领域（ITR）、财经领域（IFS）……尽管任正非很谦虚，实际上，这些流程和组织的建设实践已经成为中国企业的优秀实践之一。

2017年，时任华为轮值CEO的郭平给华为管理体系建设的最高荣誉奖"蓝血十杰"颁奖时，再次谈到"云、雨、沟"的经营管理思想。"公司已经确定下一步管理变革的目标是提升一线组织的作战能力，多打粮食……我们要遵循'云、雨、沟'的规律，不断提炼和归纳华为过去 20 多年的经营管理思想、变革的经验和教训，以及我们对经营管理规律的认识（云），指导公司未来的战略制定和经营管理工作，持续提升运营效率和赢利能力（雨），并通过持续渐进的管理变革，使华为的管理从目前的带有很强部门特色的'段到段'，逐步走向以'面向客户做生意'和'基于市场的创新'两个业务流为核心的、'端到端'的数字化管理体系（沟）。我们的管理方式要从定性走向定量，从'语文'走向'数学'，实现基于数据、事实和理性分析的实时管理。"

与其他企业相比，华为胜在其恪守自己的边界，在商言商，一切行为只为导向商业的持续成功。"云、雨、沟"的经营管理哲学，也只指向两个目标：一是多打粮食；二是提高土地肥力。

李小文精神

以"扫地僧"的执着与简单·寻找大数据时代的"巴拿马运河"

書享界

漫画绘制：芥末花枝

李小文精神

【任正非语】华为坚持什么精神？就是真心向李小文学习！……我们要向李小文学习做人做事的态度，真心学习，努力学习，踏踏实实地学习。在大数据时代，得有像当年挖掘巴拿马、苏伊士运河那样的大视野、大战略、大决心，寻找大数据时代的"巴拿马""苏伊士"。

资料来源：《李小文：科学就是追求简单》，2014 年 5 月发表于《华为人》。

李小文，中国科学院院士，博士生导师，Li-Strahler 几何光学学派的创始人，中国遥感领域泰斗级专家。2014 年《人民日报》曾整版刊登他的事迹和照片（照片中的他不修边幅、穿着一双布鞋在中国科学院大学做报告），他的事迹迅速成为网络热议的话题。李小文院士虽然对物质的态度很随性，但是对治学的态度十分严谨。他和他的科研团队的一系列研究成果有力地推动了定量遥感研究的大力发展，并使我国在多角度遥感领域保持国际领先地位。他有 38 篇研究论文被国际公认最具权威性的科技文献检索工具 SCI 引用 557次，他的硕士论文被美国权威著作收入，他于 1985 年发表的论文被 SCI 引用 113 次，这么高的引用数据在业内并不多见。

任正非看到这篇报道后，就派人去北京找李小文院士。当时，李院士的身体不是很好。华为的工作人员向李院士说明来意："任总认为华为的精神与您艰苦奋斗、坚持不懈、快乐奉献的精神是一脉相承的，华为与您的差距就在于年龄，华为只有 27 岁，但精神是一样的，所以，华为想邀请您做华为的形象代言人，要给您肖像权费、代言费。"李小文院士说："我一分钱不要。如果中国能多几个你们华为这样的公司，发展就有希望了。"

从 2014 年 6 月 5 日开始，华为在《人民日报》《经济日报》《光明日报》《环球时报》《参考消息》《中国青年报》《科技日报》《人民邮电报》《第一财经日报》《21 世纪经济报道》等全国性权威媒体上，刊登大幅企业形象广告。

系列广告有 4 组，用了同一张照片，但配的广告词不同，照片的主人公是李小文院士，配文中除对李小文院士的简单介绍之外，就是字号比较大的广告词，4 组广告词如下。

第一组："华为坚持什么精神？就是真心向李小文学习。"

第二组："华为坚持什么精神？努力向李小文学习。""在大机会时代，千万不要机会主义。开放，开放，再开放。"

第三组："华为坚持什么精神？踏踏实实向李小文学习。""在大数据时代，得有像当年挖掘巴拿马、苏伊士运河那样的大视野、大战略、大决心，寻找大数据时代的'巴拿马''苏伊士'。"

第四组："李小文精神就是时代精神！真心向李小文学习。"

李小文精神是什么？那就是简单、坚守、奉献、快乐、执着、聚焦、经得起诱惑、耐得住寂寞。

为什么任正非会在 2014 年这个时间点对外传递这个信号？

2014 年，被称为"移动互联网元年"，"互联网思维"成为大家热议的话题。有成功企业的背书，有知名企业家的演讲与论著，有主流媒体铺天盖地的宣传，一时间，"互联网思维"在企业界广受追捧，"颠覆""生态""极致""去中心""无边界""自组织"等词汇成为流行语。从本质上讲，华为是高科技制造企业，当时，它也同样受到互联网思维的冲击，外界对华为缺乏互联网思维进行了严厉的批评，员工不淡定了，大家认为奋斗文化已经过时，华为的经营价值观受到了严重的质疑和冲击。

任正非对此有自己的判断：互联网是一场变革，从本质上讲，它是一种工具，但是它并没有改变商业的本质，更不可能颠覆商业的本质。互联网时代来了，华为是不是互联网公司并不重要，华为精神是不是互联网精神也不重要，这种精神能否使华为活下去，才是最重要的。就此，华为内部还以汽车品牌特斯拉和宝马为例进行过大讨论，最后达成共识：在互联网时代，特斯拉能做到的，宝马都能做到，无非是加入一些高科技的模块而已。但是，宝马能做到的，特斯拉做不到，因为宝马在汽车领域已经有了100年的积累，对汽车产业的理解是后来者在很长时间内都无法获得的。因此遇到新变化，我们还是要回到商业的本质去思考商业的问题。

现在很多企业家都很浮躁，杀鸡取卵，追求当下的成功，想今天就把所有东西都挖完。华为一直在为未来投入，每年都会将销售收入的10%以上投入研发中，持续地推出新产品。任正非强调："华为不需要颠覆，如果公司上上下下都在谈创新，谈颠覆，那是华为的葬歌。华为要坚守的，还是工匠精神，一个产品一个产品地攻坚。如果抛弃了这种工匠精神，华为是没有未来的。"

李小文的专攻一门、锲而不舍的精神，与华为聚焦主航道的做法是完全一致的；他实事求是的科学态度和敢为人先的思想，正是华为人需要的，华为人要用这种态度和思想超越自我，超越他人；他追求的做事原则与方法，也是所有科学工作者应该追求的，这些既是华为文化的导向，也是做人做事的原则。这就是华为请李小文为自己代言的原因。

　　2015 年 1 月 10 日，李小文院士去世，享年 68 岁，一代遥感泰斗陨落。在去世之前，李小文立下遗嘱：“不使用急救措施强行延续生命、不浪费国家的资源、不拖累别人、不让自己受太多苦。”他用一生的言行诠释了知识分子的风骨和生活哲学——在成功面前宠辱不惊，保持去留无意的胸怀和心境，做平平淡淡却真实的自己，如无必要，勿增实体。这是中国知识分子崇尚的节操和品德。

鲜花插在牛粪上

漫画绘制：芥末花枝

鲜花插在牛粪上

【任正非语】华为长期坚持的战略，是基于"鲜花插在牛粪上"的战略，从不离开传统去盲目创新，而是基于原有的存在去开放，去创新。鲜花长好后，又成为新的牛粪，我们永远基于存在的基础去创新。在云平台的前进过程中，我们首先是基于电信运营商的需求来做云平台、云应用，与其他厂家从 IT 走入云有所不同。我们做的云，电信运营商马上就可以用，容易促成它的成熟。我们在云平台上要在不太长的时间里赶上、超越思科，在云业务上我们要追赶谷歌。我们要让全世界所有的人，像用电一样享用信息的应用与服务。

资料来源：任正非在华为云计算发布会上的发言，2010 年 11 月 30 日。

在我们常规的审美中，鲜花是又美又香的，牛粪是又丑又臭的，将又美又香的东西放在又丑又臭的东西上，是很不协调的。人们常用"鲜花插在牛粪上"来比喻一桩男女不相配的婚姻，通常指貌美的女子嫁给了与她不般配的男子。

但是在华为，"鲜花插在牛粪上"被任正非赋予全新的内涵，成为华为创新战略的精髓。华为虽然很有钱，体量也很大，但它是一家"胆子"很小的公司。它很怕"颠覆式创新"，认为"防止盲目创新，四面八方都喊响创新，就是我们的葬歌"。30 多年来，华为一直小心地在自己的"主航道"内创新，而且是渐进式创新、改良式创新，在继承的基础上创新。

业界著名的《华为基本法》是"鲜花插在牛粪上"在华为最好的体现。据《华为基本法》起草组组长、中国人民大学彭剑锋教授回忆,《华为基本法》第1版的命题与结构是回答德鲁克的3个命题。

(1)企业有前途——回答企业的使命、愿景与目标,以及实现愿景的事业理论等问题。

(2)工作有效率——回答企业如何有效运行的问题,内容涉及:企业的决策机制与效率,组织管理机制与原则,内部价值链(研、产、销)运营和协同机制与效率,企业的制度化建设与理性权威。

(3)员工有成就感——回答人在组织中的地位、用人理念、人力资源的机制与制度设计等问题,实现员工有价值、有成就感地工作的目标。

我第一次看到这3个命题时,就感觉它们很精辟。但这个结构当时很快就被任正非否决了,因为它虽然很精辟,但华为人不知道怎么去做。之后由黄卫伟教授(现任华为首席管理科学家)起草的第2版命题与结构,也是回答3个命题。

(1)华为过去为什么成功?也就是回答过去的成功靠什么,要对华为过去的成功进行系统的总结、提炼、升华。《华为基本法》不是凭空编写出来的,首先基于以往的成功经验,这样才能贴近企业,让员工不陌生、有亲切感。

(2)在华为过去成功的关键要素中,哪些能够持续帮助华为成功,哪些已成为持续成功的障碍?《华为基本法》不仅要继承,还要创新,更要跨越成功陷阱、进行自我批判。引入新思维是企业家与高管团队自我超越的过程。

(3)华为要想在未来获得成功需要依靠什么?《华为基本法》要基于企业

的可持续发展，基于企业未来的内外环境变化，要对未来的可持续发展完成系统思考。《华为基本法》是面向未来的成功之道、发展之道。

任正非看到《华为基本法》第 2 版非常高兴，立即把它定为《华为基本法》的主架构，这也就是后来大家看到的版本。在《华为基本法》，华为首先对过去的成功进行系统的总结、提炼、升华（自己走过的路哪怕弯弯曲曲，是一坨牛粪，但能活下来必定有其生存之道），在继承的基础上再谈未来，这就是华为人理解的"鲜花插在牛粪上"。

有意思的是，2018 年 3 月 20 日华为正式对外发布《人力资源管理纲要 2.0》讨论版，我从中看到了《华为基本法》的印记，它的大纲是这样的：

第一部分：总结过去的成功与实践，在坚持中优化

1. 过去 30 年，公司业务发展取得了巨大的成就

2. 人力资源管理是公司商业成功与持续发展的关键驱动因素

3. 在成功与发展中，公司人力资源管理仍存在的问题

第二部分：展望未来的变化与挑战，在继承中发展

1. 洞察业务发展面临的内外变化与挑战

2. 公司持续创造价值的使命与管理模式

3. 人力资源管理需要继承与发展的核心理念

从 1998 年 3 月 23 日《华为基本法》颁布，到 2018 年 3 月 20 日《人力资源管理纲要 2.0》颁布，整整 20 年，华为的管理思想一脉相承，同一个逻

辑，以规则的确定应对结果的不确定，这让我们不得不佩服任正非的定力。

外界很多人以为任正非喜欢搞企业变革，但任正非坦言，他不是一个激进主义者，而是一个改良主义者，主张一小步一小步地改进、一小步一小步地进步。他认为，任何事情都不要等到问题成堆时"力挽巨澜"，而是要不断地疏导。

做任何创新，我们都必须清楚地认识到：不要总想颠覆自己，人类需要的其实不是颠覆，而是技术带来的高质量的继承与发展。我们必须首先思考创新的根基是什么？我们过去是靠什么成功的？颠覆性创新的成功率是很低的，即便像苹果的 iPhone 在乔布斯的引领下，开辟了智能手机的新时代，但那也是 30 年积累之后的突破，"为山九仞，岂一日之功"。华为追求"鲜花插在牛粪上"，在继承的基础上创新，这是华为成功的一个关键因素。华为虽然不断地开展新业务，但每一个新业务基本上都是在原有业务的基础上衍生的，至今没有看到华为在新市场上及新技术领域的冒进行为。面对新机会，华为首先想的还是如何发挥自己的优势，建立长期的目标，因此从 2002 年华为的"冬天"以来，它几乎没有犯过重大的战略错误。

总结下来，你就会发现，华为长期坚持的创新战略有几个很鲜明的特点，首先坚持在主航道上创新，创新是有边界的；其次，创新必须以客户的需求为导向，不要搞成技术路线的争论；最后，在继承的基础上创新，站在巨人的肩膀上创新，共享人类的文明成果，反对言必颠覆，而要让"鲜花插在牛粪上"；反对离开传统去盲目创新，而要基于原有的基础去开放、去创新。鲜花长好后，又成为新的牛粪，永远基于现有的基础去创新。

从组织思维模式上看，业界普遍认为华为人更善于做从 1 到 N 的事，而不是做从 0 到 1 的事，这其实是比较片面的看法。华为是从通信技术（communication technology，CT）起家的，而业界有很多企业是从信息技术（infomation technology，IT）起家的，这就决定了华为的创新路径与其他企业有很大的不同。华为逐步扩展业务领域，坚持在牛粪上培养出鲜花来，一步一步地延伸。

2010 年 9 月 10 日，华为内部向任正非汇报华为云战略与解决方案时，他再次强调：

> 我一直在讲这个问题，未来云怎么样谁都不知道，你怎么知道你走的就是一条正确的道路呢？当年定的"鲜花必须插在牛粪上"战略，是基于我们曾经得到的教训，我们曾盲目地学习与跟随西方公司，指望从天上掉下个林妹妹，结果下不来，连不上，不知道怎么用，一直到林妹妹变成老太太了，全做好了，可以接进来了，才开始用，那林妹妹就没有价值了，老了。现在我说从牛粪上生出鲜花来，与电信就很贴近，做一朵云马上卖一朵云，逐步形成七彩云霞。在这个云平台的前进过程中，我们是强调了鲜花要插在牛粪上，离开了传统网络，我们的云就不能生存。但我们基于电信网络这个东西做云平台，容易促成它的成熟，云马上就可以用了。

华为的"鲜花插在牛粪上"的创新战略，不仅体现在云业务上，还体现在智能手机、海底电缆、太阳能电池、人工智能等产品领域，这些都是在通信业务的主轴上衍生出来的，这就是华为的聚焦战略——不盲目进行多元化拓展。

当然，业界有人质问，华为为什么还开发终端操作系统？谷歌（Google）开发的安卓（Android）系统不是已经挺好的吗？这不是与"鲜花插在牛粪上"的创新战略相背吗？任正非给出了他的看法：

> 我们现在做终端操作系统是出于战略的考虑，如果它们突然断了我们的"粮食"，Android 系统不给我们用了，Windows Phone 8 系统也不给我们用了，我们是不是就傻了？同样地，我们在做高端芯片的时候，我并没有反对你们买美国的高端芯片。我认为你们要尽可能地用他们的高端芯片，好好地理解它。当他们不卖给我们的时候，我们的东西就算稍微差一点，也能凑合用上去。……我们不要狭隘，做操作系统和做高端芯片是一样的道理，主要是让别人允许我们用，而不是断了我们的"粮食"。断了我们"粮食"的时候，备份系统要能用得上。

果然，2019 年 5 月 15 日，美国商务部工业和安全局宣布将华为加入"实体名单"，在芯片等核心技术上对华为"断粮"。为此，华为绝地反击，华为负责研发芯片的全资子公司海思的产品"一夜转正"，海思总裁何庭波的致海思全体同事的一封信，获得全网刷屏支持，任正非在多年前云淡风轻地做出的"为公司的生存打造'备胎'"的战略真的是太有远见了。

"被集成"战略

甘做"管道工"·只赚"铁皮"钱

漫画绘制：芥末花枝

"被集成"战略

【任正非语】合作伙伴越多越好，但如果我们去集成，就树立了一大堆敌人……所以我认为还是要利用盟军的力量，我只要搭着你的船，能挣点钱就够了，我为什么要独霸这个世界呢？我们走向被集成，那我们就要建立多种伙伴群，用伙伴群把产品卖给客户群。比如说 SAP 最早就是我给你们谈的，我说我们要成为战略性伙伴关系，永远不进入它的领域，我们就开始合作了，所以华为就有了机会。

资料来源：任正非在企业业务座谈会上的讲话，2013 年 12 月 19 日。

任正非对商业的洞察真是太透彻了。企业都是在自己弱小时，憋着一股劲儿努力拼搏、做强做大；当大到一定程度时，对内就把自己的地盘用围墙圈起来，搞自己的商业"帝国"，在自己的大花园大宴宾客；对外就大包大揽，打击竞争者，试图独霸这个市场。在信息与通信技术领域，有一个专有名词很形象地表达了商业界的这种特征：集成。

集成的英文是 integration，本义是将一些孤立的事物或元素通过某种方式改变原有的分散状态后集中在一起，使其产生联系，从而构成一个有机整体的过程。在信息与通信技术领域，集成指一个多厂商、多协议和面向各种应用的体系结构，该结构需要解决各类设备及子系统间的接口、协议、系统平台、应用软件等的集成问题，其中涉及建筑环境、施工配合、组织管理和人员配备等问题。

几乎每一个大企业，都有一个"集成梦"。我是集成者，所有合作伙伴都需要根据我制定的规则来接入我的平台。

但是，华为反其道而行之！2010年之后，华为在从电信运营商业务进军企业业务时发现，业界"集成商"已经有很多了，它们是华为进入这个领域的重要渠道伙伴，但是这些老玩家对华为的进场很有顾虑，担心有一天华为会抢走它们的饭碗；另外，华为的新设备在与客户的老设备对接时，不可避免地会接触客户的应用层信息和数据，客户对此也有比较多的顾虑。为了彻底打消业界集成商伙伴和客户的顾虑，华为明确制定了面向企业客户的商业模式："被集成"。

"被集成"的核心意思是我绝不做集成商，而是愿意被你集成，在市场交易界面，由合作伙伴面向客户签订合同，其根本目的是不与合作伙伴形成利益竞争关系，充分调动合作伙伴的积极性。这么做就避免了华为市场人员为追求短期销售业绩对各种项目大包大揽，干一些不擅长但运营成本很高的活，偏离自身业务的主航道。华为主张在客户关系和交易界面上有所为、有所不为，和各类渠道伙伴分工合作，共同服务广大的企业客户。当华为明确了"被集成"的商业模式时，它就被迫"利出一孔"，把企业信息与通信技术产品和解决方案做到极致，增强主业的竞争力，各集成商才愿意把华为的产品争相纳入自己的集成方案中。

大家要理解这其中包含一个多么艰难的选择：一个本身具备集成能力的公司，主动放弃集成的利润，愿意成为行业价值链的一部分，把自己定位为

"卖水管"的，即只供应信息管道的"铁皮"（华为对自身主航道生产的信息通信硬件设备的戏称），这是多么克制的行为啊？但为了形成良好的行业生态，让行业价值链上的每一个节点都发挥长处，让合作伙伴和客户安心，华为做了这个很明智的选择。

2017 年，华为成立"华为云 BU"。为了把"被集成"战略做到极致，华为云 BU 遵循"三不"原则——"上不碰应用、下不碰数据、不做股权投资"。其目的显而易见：不吃独食，给自己的生态伙伴留下足够的空间。对此，华为轮值 CEO 徐直军的解释是：在云这个领域，华为不投资集成商或应用开发商，不去培养一帮"亲儿子"，不让"亲儿子"跟合作伙伴竞争。这在给华为生态伙伴吃下定心丸的同时，也印证了华为一贯的生态策略：我们赚 1 元，伙伴赚 10 元。华为的这个商业策略无疑是云计算领域的一股清流。当然，"被集成"不是"坐等集成"或"被动集成"，而是主动地与合作伙伴携手并进，主动给合作伙伴赋能。只有伙伴获得了成功，华为的"铁皮"才卖得出去，华为才能实现真正的商业成功。

第 4 章

经营未来的事业

一杯咖啡吸收宇宙能量

不要只知道埋头苦干·还要开放共享

漫画绘制：芥末花枝

一杯咖啡吸收宇宙能量

【任正非语】世界 IT 行业最发达的地区在美国，在持续引入高端专家的同时，我们的高级干部和专家也要冲破局限，每年走出去和世界交流，不要只知道埋头苦干，要善于用一杯咖啡吸收宇宙能量。我们经常参加各种国际会议和论坛，杯子一碰，只要 5 分钟，就可能擦出火花，吸收很多"能量"。你们一天不改变自己的思维习惯，就不可能接触世界，不接触世界怎么知道世界是什么样子的。有时候一两句话就足以道破天机，擦出思想的火花。

资料来源：任正非在成研所业务汇报会上的讲话，2014 年 1 月 5 日。

2013 年之前，任正非在多次讲话中都提到，华为之所以能够赶超世界通信巨头，是因为华为人不喝咖啡，他们用别人喝咖啡的时间在埋头苦干。2014 年，任正非提出了一个很响亮的口号："一杯咖啡吸收宇宙能量。"因为 2013 年是华为发展史上具有里程碑意义的一年，在这一年，华为的营业收入突破 2 390 亿元（约 395 亿美元），超越了爱立信（约 353 亿美元），坐上了全球通信设备商的头号交椅。成为行业第一的华为，不仅需要踏实肯干的员工，还需要工程商人，更需要科学家。但是顶尖的科学家不是培养出来的，而需要企业用发现的眼光去寻找。只知道埋头苦干、不善交流的员工和手里端着咖啡杯的科学家是无法对话的，因此任正非用"咖啡"作为隐喻，要求华为人主动改变自己，适应科学家的行为习惯，吸取外部的正能量，这样才能真正地走进科学家的世界中。

在全球化时代，小小的咖啡豆被社会学家纪登斯形容为"卓越超凡的全球化现象"，它在企业的全球化进程中起到了催化剂的作用。喝咖啡本身成了一种仪式，咖啡成了交流的载体，当我们见面喝咖啡的时候，我们更多的是在交流。

据IBM的顾问回忆，1997年华为邀请首批IBM顾问进驻华为深圳基地，帮助推进管理变革。当时从美国赶到华为的顾问发现，走遍华为园区都找不到一个咖啡机。22年后的今天，当你漫步在华为深圳坂田基地或松山湖基地时，随处都可以看到意利（illy）咖啡厅（华为松山湖基地用小火车把各座办公楼连接起来，每个火车站都有咖啡厅）。当你看到华为人三五成群端着咖啡杯在热烈地讨论时，你就会感受到咖啡文化正在华为演进。

至于什么是"一杯咖啡吸收宇宙能量"，我认为最为透彻的一个解读，莫过于任正非于2017年12月11日在华为喀麦隆代表处的一段讲话。

一杯咖啡吸收宇宙能量，并不是咖啡有什么神奇的作用，而是利用西方人的一些习惯，表达开放、沟通与交流的形式。你们进行的普遍客户关系维护，投标前的预案讨论、交付后的复盘、饭厅的交头接耳……我认为都是在交流，吸收外界的能量优化自己。形式不重要，重要的是精神的交流。咖啡厅也只是一个交流场所，无论何时何地都是交流的机会与场所，不要狭隘地理解形式。

法国的花神咖啡馆是几百年来文人作家交流的场所；摩洛哥里克咖

啡馆是二战期间各国间谍交流的场所，不是有《北非谍影》吗？老舍茶馆、成都的宽窄巷子……是用品味吸引人们去交流的。咖啡馆不仅仅是学术交流的场所，你约不到人，它就是可被动获得机会的场所。

我强调公司要开放，见识比知识还重要，交流常常会使你获得一些启发。我觉得你们年纪轻轻就走出国门，就到了艰苦的地区，不要自闭于代表处，自闭于他国首都，要大胆地融入当地社会。西方人好运动，你们固守在"闺房"中，如何交朋友？打球去、滑雪去、水上运动去……一切运动都是接近客户的机会。没咖啡，胜似有咖啡。

"一杯咖啡吸收宇宙能量"的理念主要用于研发创新领域。任正非把华为的研发人员划分为两类：1.5 万名进行基础研究的科学家和专家，他们把金钱变成知识；6 万名应用型人才，他们开发产品，把知识变成金钱。在 1.5 万名基础研究人员的金字塔最顶部，是华为进行科技思想研究的群体，这是一群"科技外交家"。华为自己约有 20 名这样的"科技外交家"，任正非要求这群人每年必须拿出 1/3 的时间，到全球的大学或者高端科学论坛去，与全球顶级的科学家喝咖啡，目的是对不确定的未来进行预判。所谓"与凤同飞，必是俊鸟"，如果身处一个充满高水平、正能量的圈子，华为就有了前进的动力和方向。这些"科技外交家"要把全球的新技术、新思想带回来，再召开不同形式的战略务虚会。最后，在华为最高层务虚会上，大家一起进行多路径的技术方向研究和探索，从而形成一杯咖啡吸收宇宙能量、让黑天鹅在华为的咖啡杯中飞起来的现象。

值得注意的是，尽管"一杯咖啡吸收宇宙能量"的口号很豪气，但是华为始终瞄准自己的主航道目标，这目标就是面对未来的大数据流量，华为一定要疏导。为了实现这个目标，华为是愿意开放的，但需要科学家在这方面有所理解，这是一个前提条件。

"一杯咖啡吸收宇宙能量"的口号一经提出，其影响力已超出研发体系，成为华为全面开放文化的思维符号。咖啡本质上只是一个符号，是华为下定决心进行全球化经营的符号。随着咖啡文化逐渐融入华为在全球170多个国家和地区的办事处，咖啡文化的精粹——开放、平等、包容，也被一口一口、润物无声地浸入华为的每一个角落。我们需要认识到，无论是科学理论的重大突破，还是主航道的无人区，开放的文化会孕育出多样性，让华为在面临未来不确定性时拥有充分的选择权。任正非坦言，"一杯咖啡吸收宇宙能量"是向谷歌学来的，谷歌的母公司赚了钱就去研究很难实现的东西，把财富转移到探索人类社会的未来上去。华为成为行业第一后，也希望把钱投出去，探索人类的未来。引入这些科学家后，关于他们研究的内容，华为没有刻意去计划，很多伟大的突破是带有偶然性的，并非按预定计划发生。华为支持大学教授、顶尖科学家做基础研究，他们就像一个个灯塔一样，既可以照亮华为人，也可以照亮别人。因为华为人不但早有思想准备，而且勤奋学习，理解起来就比别人快，所以做出东西的速度也比别人快。至于大家很关心的"科研失败"该怎么办，任正非也给予了很大的宽容："在科学的道路上没有'失败'这个名词。你只要把失败的这个路径告诉我们，把失败的人给我们，这些失败的人甚至比成功的人还要宝贵。他们可以补充到我们的生力军中去，把失败的经验教训带到我们其他的项目中，让其他项目避免失败。合作中没有'失败'这个名词，不要说这个没有做好，那你能不能请我们喝一杯咖啡，告诉我们哪里走弯路了，将失败的教训告诉我们。这就是成功，钱花了就花了。我们以这个思想为指导，在世界各地建立了各个强大的能力中心，合作非常成功。越来越广泛的朋友圈，使我们的实力大幅提升。"

任正非很强调开放、包容地吸引人才，不是狭隘地去找待定的人才，而是在比较广泛的领域里吸纳很多人，不同领域的人带来了思想的碰撞。他甚至提出可以试试"人才众筹"：对特别优秀的人才可以"快进、快出"，不扣住人家的一生。"不求他们归我们所有，不限制他们的人身自由和学术自由，不占有他们的论文、专利……只求跟他们合作。"这是不是很像 20 世纪 80 年代曾经很流行的那句话："不在乎天长地久，只在乎曾经拥有。"

任正非认为，如果华为人都只会孤军奋战，思想错了，方向错了，越厉害就越有问题，华为在未来就很难走向行业领先。他在多次讲话中强调，现在的华为缺思想家和战略家，只停留在将军层面，需要到全世界去喝咖啡，用"一杯咖啡吸收宇宙能量"，通过喝咖啡来加强与世界各国科学家的沟通与联系，或是合作，或是资助其研究，不限制其学术自由，不占有其专利……只要求与他们合作。同时，华为人应该通过喝咖啡来发现"黑天鹅"，即那些可能出现的颠覆性技术。"华为公司的圈子还太小，你们这些 fellow⊖ 都不出去喝咖啡，只守在土围子里面，守碉堡最终也守不住的嘛。你们这些科学家受打卡的影响被锁死了，在上研所这个堡垒里面怎么去航海、去开放？航海

⊖ 指华为的公司级院士，是对华为研发技术人员最高的荣誉称谓，向 IBM 学习来的。

的时候怎么打卡？发现新大陆怎么打卡？沉到海底怎么打卡？从欧洲通向亚洲的海底有350万艘沉船，那些沉到海底的人怎么打卡？所以，我们的管理要采取开放模式。我在干部大会上讲，'反对高级骨干埋头苦干'，要多参加业界会议，与业界人士交谈；'一杯咖啡吸收宇宙能量'，敢于与世界名流喝咖啡，听听人家的想法，启发自己，少走弯路。"

有人曾问过任正非"到底谁是你的老师"，任正非回答："我的老师不就是一杯咖啡吗？一杯咖啡吸收宇宙能量，我与你们在座谈的过程中，你们的话对我也有反向输入，吸收多了，自然而然就会对我产生影响。谁也没有限制我们的科研，我们要用开放的心态，连接世界上一切优秀的资源。没有人在限制我们的科研，我们也不要自己约束了自己，要敢于到贴近人才资源的地方进行研究活动，在每个研究所形成自己的技术要素，对行业发展形成牵引。"

从1998年"削足适履"向西方学习管理以来，华为从未停止过学习。2019年6月17日，一场"与任正非的咖啡对话"在华为深圳总部举行，并面向全球观众直播。华为创始人任正非与美国的两位杰出思想家尼古拉斯·尼葛洛庞帝、乔治·吉尔德进行了历时约100分钟的深度对话。在这次对话中，任正非与两位思想家畅谈了华为面临的困境、华为如何解决困境、华为未来的生存问题，以及对经济、思想、未来智能社会的展望。华为，哪怕身处被业界认为是"华为暗黑时刻"的2019年，它也乐观地坚持"一杯咖啡吸收宇宙能量"的理念。

★在本文的写作过程中，我受到华为管理顾问吴春波教授的启发较大，在此表示感谢。

主航道

未来的信息管道像太平洋一样粗·不在非战略机会点上消耗战略竞争力量

主航道

【任正非语】未来是赢家通吃的时代，我们主航道的所有产业都要有远大的理想，要么不做，要做就要做到全球第一。为此，我们要打造一支胸怀梦想、充满活力、团结奋进的研发队伍，团结一切可以团结的力量，全营一杆枪，持续构建最具竞争力的产品和解决方案。

资料来源：任正非在产品与解决方案、2012 实验室管理团队座谈会上的讲话，2018 年 3 月 21 日。

"主航道"，是华为的管理文件、电子邮件和任正非讲话中最高频的词汇之一。到底什么是华为的"主航道"？为什么任正非这么强调"主航道"？

这得从华为所在的行业说起。这个行业简称 ICT 行业，英文全称为 information and communication technology，中文全称为"信息与通信技术行业"。这个行业的核心要素是信息，行业中的各家公司围绕信息产生、传输、转换、存储、使用的全流程提供了很多创新性的解决方案。但是因为这个行业非常大，而且技术变化速度很快，所以每家公司只要干好其中一个环节就已经非常了不起了。信息的流动很像水流，需要管理和疏导，否则容易出现信息泛滥。华为选择攻克"大信息流量的疏导"这项工作作为自己的主业，把这项工作用了水利工程领域的一个专有名词来形容，这就是"主航道"。

什么叫主航道？

长江洪水发力时，中间水流的速度最快、力量最大，这段就叫主航道。

靠近岸边流得慢的地方，永远会有旋涡，属于非主航道。华为主张优质资源向优质客户的需求倾斜，多肯定主航道的人，合理评价他们的价值。而对于流到边缘的水、旋涡，要求其创造的价值大于成本，且不能占用主航道的资源。

什么是华为主航道？

任何公司的生意都基于一个假设，华为的生意假设是：未来的信息社会，信息流过的管道会无限变粗，就像太平洋那么粗，而不是鄱阳湖那么粗。华为认为"大流量信息"将是大机会，而且机会窗已经向华为打开，华为不能因贪图小利和眼前利益而迷失了方向、丢掉了大机会。只要华为主动聚焦它，不断撑粗管道，在行业内领先了，未来几十年就会有非常大的机会。这就是华为选定的"主航道"。任正非对此是笃信的，他鼓励员工："华为所进入的主航道，就像信息社会的一块东北的黑土地，让千万家企业来种玉米、大豆、高粱……这个行业的空间足够大，够我们这辈子努力，不要轻易转移这个战略目标，也不要在非战略机会点上消耗战略竞争力量。而且随着时代进一步的发展，对 ICT 基础设施的要求会变得非常复杂、非常困难、非常具有挑战性，需要千千万万名优秀人才毕生奋斗。华为 18 万员工，历时 30 年，努力划桨，终于把华为这条大船，划到了信息时代的起跑线上，而且在这条起跑线上的大船并不多，为什么我们不继续努力，在信息领域为人类社会做出大的贡献呢？"

在华为，由"主航道战略"生发了另外一个高频词——"管道战略"。任正非调侃华为的业务是做信息管道的"铁皮"，华为人戏称自己是"管道工"，书面语表述是"ICT基础设施"，通俗一点讲，有大信息流流过的地方，就是华为的主航道。具体来讲，数据中心解决方案、骨干网、移动宽带、固定宽带，以及华为的智能终端、家庭终端和物联网的通信模块，这些领域就是华为聚焦的"主航道"，其他领域则不属于华为的"主航道"。

如果用一个"T"字形容华为的业务，"|"代表"主航道"，不断纵深和聚焦；"—"代表"非主航道"，是配套业务。非主航道业务可能是为了让主航道业务发展得更加迅猛而设立的，也可能是为了阻击和干扰竞争对手而设立的。

对于主航道业务，华为投资的重点是追求发展的可持续性和长期回报，给予它更多的战略耐心。非主航道业务必须以利润为中心，其赢利能力必须超过主航道业务的赢利能力。只有这样，华为才允许去发展非主航道业务；只有这样，华为才能保证主航道业务发展得更好。曼斯坦因在《失去的胜利》中写道："不要在非战略机会点上消耗战略竞争力量。"ICT行业的机会遍地，任正非很担心员工因为追逐非主航道业务的蝇头小利，占用了主航道的战略竞争资源，错失了时代的大机会，因此他反复强调向主航道业务的投入，提高华为在主航道上的能力，使其在主航道上拉开与竞争对手的距离。

从经营的角度来看，华为坚持为世界创造价值，为价值而创新，坚持做自己很擅长的事情。任何公司的资源和力量都是有限的，都不是万能的，如果横向发展，会因为精力过于分散，处处设战场，可能处处攻克不下，从而导致没有一项业务能做好。大象踩死一只蚂蚁是必然的，争做鸡头的策略终归无法持久。

从管理的角度来看，华为这艘巨轮，每增加一个新业务就会给管理系统增加几千个管理点，对管理进步的牵制作用其实非常大。因此，公司的产品无论大小都要与主航道业务相关，不要偏离了主航道，否则公司就会分为两个管理平台。当公司把某块横向发展的业务砍掉时，公司中的人才就会觉得自己投入这么多心血，业务被砍掉了很可惜，从而带着之前的研发成果离职创业，导致公司人才的流失。任正非的智慧之处在于：华为要求非主航道的业务领域必须交出高利润来，否则相关业务线就要缩减。这样，就从根源上解决了这个问题。

当然，华为的主航道也在随着时代的变化而扩展。比如 2012 年之前，华为终端业务并不是华为的主航道业务，但现在是了。另外，人们在攀登珠穆朗玛峰时，越往上走越艰难；企业在主航道上的创新也会越来越难，要厚积薄发。华为过去 30 年持续做技术突破，未来还需要耐得住寂寞。

任正非是一个很幽默的人，他对主航道的解释很有意思。2014 年 4 月 9日，他在巴西圣保罗与华为巴西代表处及巴供中心座谈时，谈道："什么叫主航道？别人难以替代，又可以大量复制使用的就叫主航道。你们给人家定制化了以后，没有被再次复制使用，卖的时候也没有卖出高价，后面的维护价格也没有提起来，这就不是主航道！"

天、地、路、鞋

方向大致正确·组织充满活力

漫画绘制：芥末花枝

天、地、路、鞋

【任正非语】要看到过去 30 年，我们整体上是抓住了全球信息产业发展的大机会，作为行业跟随者，我们充分享受了低成本、强执行力带来的发展红利；而未来 30 年，在赢者通吃越来越成为行业规律的趋势下，我们必须抓住科学技术和商业变化的机遇，成为头部领导型企业，这样才有机会分享技术进步和创新的红利。要创新与领先，我们就必须依靠科学家。

资料来源：任正非在 fellow 及部分欧研所座谈会上的讲话，2018 年 5 月 15 日，6 月 4-13 日。

华为的成功，首先是方向的成功，其次才是员工的努力。

2017 年 6 月 2 日，上海，任正非在华为公司战略务虚会上讲话时谈道：一个公司要想取得成功，需具备两个关键因素——方向要大致正确，组织要充满活力。在这里，大致正确的"方向"是指满足客户长远需求的产业和技术。其实"方向"包含的内容非常广泛，以客户为中心、以奋斗者为本、艰苦奋斗、获取分享制……都是我们前进的方向。今天讲的是技术、产业。作为商业组织，如果不能聚焦客户需求、把握商业趋势，方向就不可能做到大致正确。

我们需要清晰地认识到：行业为地，客户为天，战略就是在天地之间选择的路，组织就是脚上的鞋。我们经营企业是在天地之间，穿上一双合脚的鞋，飞奔在自己选择的道路上。

我和书享界讲师团走进企业讲授"华为管理之道"课程的时候，一般对象是大型企业的管理者，如雷沃重工（中国最大的农用机械装备企业）、振德医疗（中国最大的医用辅料领域上市公司）、三宝科技集团（中国物联网领域赴港上市的第一家公司）、金溢科技集团（中国 ETC 标准制定者，电子车牌第一股）等的老板。与这些企业的老板打交道之后，我都在思考：他们为什么能够带领团队成为行业领导者？

很多人在思考企业战略问题的时候，都会把商业模式放在第一位。但我发现，陈春花老师每次讲战略，都不是从商业模式开始的。我就思考：这中间的差距在哪里？我结合自己与以上这些企业老板的对话想明白了，一个企业的战略落地有着自身的规律，商业模式只是其中的一个点。为了便于大家理解，我把它划分为 4 个篇章：行业篇→客户篇→战略篇→组织篇。请大家注意：这 4 个篇章的前后顺序是有其内在逻辑的，反过来实践的话，你会栽跟头的。

为什么我们先谈行业和客户？因为这两者都是站在第三方的角度去看企业的。行业是什么？行业为地，就是我们脚下的土壤。隔行如隔山，你在这个行业能干得风生水起，到另一个行业就未必了。同样，你在另一个行业碰得一鼻子灰，换一个行业没准会如鱼得水。东北的黑土地适合种植大豆，江南的水乡适合种植水稻；没有了解我们的土壤，就是违背自然规律。我们能不能生长，首先得看我们所处的这个行业给不给我们机会。

客户是什么？客户为天。作为行业的"地"，它决定了我们能否长起来，作为客户的"天"，它决定了我们能够长多大。一家企业要顶天立地，必须先要知天知地。我们之前强调知己知彼，现在知己知彼都不够了，知天知地变得尤其重要，这是一个前提条件，天和地就是我们的经营环境。比如方便面行业，两大品牌"康师傅"和"统一"竞争了很多年，最后两败俱伤，赢得市场的是美团、饿了么等外卖平台。自从有了热乎乎的 30 分钟内就能送到的外卖食品，年轻人就不再吃方便面了。

陈春花老师这几年反复谈组织环境的重要性，就是因为组织的外部环境对一个组织的绩效影响程度已经远远大于其组织内部能力对绩效的影响程度。很多人不太理解这句话，一直低头专注于打造自己的能力。我在这里多说一句，为什么之前低头打造内部能力可以，而现在不奏效？这是因为从工业时代到数字化时代，行业变化和客户需求变化的时间轴都在变短，作为其中的一分子——企业，其内部能力真的微不足道。

当我们知天知地之后，也就知道真正的驱动力是行业的机会和客户的需求，我们接下来就必须做出一个经营选择。行业机会有很多，客户需求也有很多，我们必须挑选适合自己能力的。"挑选"这个活动实际上就是我们经常听到的一个术语——战略。

战略是什么？陈春花老师给出了一个很清晰的论断：战略的本质就是选择。但是对于不同规模的企业，其选择方式又有很大的差异。

对大企业来说，战略选择的重点是不做什么。因为大企业有太多的机会向它涌来，如果不加以选择，就会分散其精力。

在这种情况下，大企业必须主动排除一些机会。比如，华为就经常对很多机会"说不"（say no），如房地产、财务性投资、与伙伴争利的大集成项目，它都坚定地选择不做。

对小企业来说，战略选择的重点是选择做什么。作为小企业，因为资源有限，真正的机会是很少的。在这个阶段，其实没有人和你竞争，你唯一需要做的是选定一个方向之后，心无旁骛地去做，做出客户愿意买单的产品与服务就是王道。

当我们在"天"和"地"之间做出一个选择之后，即有了自己的战略，我们才会通过我们的商业模式去创新，做出一些尝试，如采用商业模式画布等工具。

有了战略，接下来就是搭建团队——组织结构。组织结构和企业战略是跷跷板的两端，必须动态匹配。

当组织结构高于企业战略时，组织效率就会比较低，外面客户给企业的钱在内部管理中消耗掉了；当组织结构低于企业战略时，组织效率又支撑不了业务的快速发展，客户就会认为企业无法取得未来的成功，他就不敢把重要的事情交给企业去做。因此，组织是一个动态的过程。

从行业，到客户，到战略，再到组织，是一个老板思考战略落地的 4 个关键词，在这里，我把这 4 个关键词展开来讲一下。

1. 行业篇

关于行业的洞察，最重要的事就是我们如何思考行业的本质逻辑。行业本质的洞察深度决定了我们能够在这个行业挖出多深的水。做行业洞察，你只需要和员工们一起回答以下 4 个问题。

第一个问题：你认为行业的本质是什么？

很少有人真正地思考过这个问题。尽管你可能在这个行业做了 20 多年，但是我问你行业的本质是什么，你未必答得出来。如果你连这个问题都答不出来，你就无法做出真正切合行业、洞悉人性的产品。

第二个问题：你认为行业的现状和问题是什么？它有什么痛点？

我们所思考的行业痛点，它有 3 个层面：用户痛点、行业痛点和社会痛点。当我们有效地解决了用户痛点时，我们的企业就有可能成为一个营业收入达 10 亿元的公司；当我们有效地解决了行业痛点时，我们的企业就有可能成为一个营业收入达 100 亿元的公司；当我们有效地解决了社会痛点时，我们的企业就有可能成为一个营业收入达 1 000 亿元的公司。

比如有些做应用工具的企业，它解决的是某个用户的痛点，它就有可能成为营业收入达 10 亿元的公司；有些企业做行业流通平台，无论是"三流"（信息流、资金流和物流）中的哪一个，它都有可能成为营业收入达 100 亿元的公司；当它解决的是全社会的痛点时，如交通出行，它就有可能成为营业收入达 1 000 亿元的公司，比如滴滴（注：价值观另当别论，我们在这里只从市场机会的角度来看）。这说明：池塘决定了鱼的大小。所以，我们在思考行业痛点的时候，这 3 个层面都必须纳入考虑范围。在很多时候，我们只是思考了用户痛点，但忽略了行业痛点和社会痛点，导致我们干得苦哈哈也无法做大——因为池塘太小了。

第三个问题：你认为行业未来发展的趋势是什么？你如何理解行业终局形态？

"局"是一个很有意思的词汇。因为这个时代是一个快速变化的时代，我们需要"识局"；"识局"之后，我们才能"破局"；"破局"之后，我们才能围绕可立之点去"布局"；"布局"之后，我们才会拥有"格局"；最后，有了"格局"，我们才能得到"终局"。

识局→破局→布局→格局→终局。当你理解了这个逻辑之后，你对行业终局形态的理解就变得非常重要了。

第四个问题：这个产业的价值链结构是什么？在这个价值链中，我们如何介入？

我们发现，现在那种独立成长的公司基本上都没有了。你不管是自建一张网，还是在别人的网中，你都必须与网中的其他成员互动、协同，才能生存下来。以中国的互联网行业为例，有两张网——阿里家和腾讯家，几乎你能想到的创业公司，无论是媒体、文创、餐饮、出行……都选择其中的一张网，即使是京东或最近上市的美团点评，尽管它们自身已经非常强大，也得选这两张网中的一张。

我们对以上4个问题回答的过程，就是对行业本质思考的过程。为了便于大家更好地理解以上4个问题，我在这里举几个例子，供大家参考。

第一，餐饮行业。餐饮行业的本质是什么？我们很关注有形体验部分，包括菜系、口感、环境等，也很关注一些无形体验，如服务、风格、品位，因此餐饮行业的本质就是有形体验和无形体验的结合。餐饮行业从以前的温饱经济走向现在的品质经济，时代赋予这个行业的基本任务已经变了，那些单纯做口感的餐饮企业必定会失败。

第二，电商行业。电商行业的本质是什么？电商行业的本质就是卖货，而卖货的本质就是成本和效率。当我们的经营管理动作不是落在这两个关键词上时，我们一定会输。不是输给对手，而是输给自己，因为我们没有遵循行业的本质。

第三，奢侈品行业。奢侈品行业的本质是什么？我们以包为例，从功能的角度来看，包与包之间没有太大的差别，它们都是用来装东西的，为什么我们非要买一个路易·威登（LV）？它的本质是品牌的识别。它卖的就是品牌文化的基因。这些年，一些消费者开始走向轻奢路线，那是因为社会文化走向"我的风格由我自定义"的趋势。

第四，充电桩行业。充电桩行业的本质是什么？自2015年以来，随着特斯拉成为汽车行业的消费热门，中国冒出了至少700家充电桩企业，但到了2018年，这700家企业中已经倒下了300多家。其原因是很多充电桩企业的管理者认为充电桩行业的本质是制造，但实际上这个行业的本质是软件。它根本就不是制造业行业，而是物联网行业。企业管理者对行业本质的认知出错，导致企业根基不稳，越走离目标越远，最终全面崩盘。

2. 客户篇

我们有了对行业的洞察后，第二步是对客户需求的理解，最关键的也是回答4个问题。

第一个问题：我们公司的目标客户是谁？其精准画像是什么？To C，To B，To G？

第二个问题：客户的痛点是什么？怎样去思考客户的痛点？捷径就是考虑现有需求的市场满足程度。客户在购买决策过程中最关注的核心需求是什么？从中找出客户最关心的几个点。

第三个问题：客户消费需求的演变趋势是什么？比如，客户之前的消费需求是基于功能，后来走向了情感，再后来走向了体验，最后走向了参与；从追求大而全到追求小而美，再到追求性价比，最后到追求品位与格调。我们需要真正地掌握它的演变趋势。

第四个问题：我们为客户提供的核心价值是什么？价值有 6 个维度：功能、品质、成本、方便、服务、形象。在这 6 个维度中，我们如何找到它的 3 个关键价值，再从 3 个关键价值中找到一个核心价值。比如智能手机，打电话 1 小时不发热是消费者对它的品质的基本要求，尽管生产企业为实现这一功能付出了艰辛的努力，但它不能作为智能手机的核心价值进行宣传。

关于客户价值的梳理，有一个非常好的工具：价值创新曲线图。这是著名战略管理书《蓝海战略》的作者极力推崇的一个工具，我走进企业讲课时经常用这个工具引导客户。

3. 战略篇

战略就是你对未来的判断，并基于这个判断做出的规划。所以，战略选择永远都是一个聚焦的动作，聚焦区域深度开发，聚焦客户，聚焦拳头产品。

我走访了国内多家企业，发现优秀的企业都有一个共同特征：战略不仅仅是老板头脑中的想法，至少还是副总裁级别的管理者能开口说出来的那张路线图。这张图回答两个关键问题：①增长的来源？②增长的路径？在做战略选择的过程中，最核心的步骤是想清楚商业模式。有一个工具叫作"商业模式画布"，它通过九宫格、三个层面，很好地回答了"增长的路径"这个问题。其中的第一层是产品模式，第二层是营销模式，第三层是赢利模式。产品模式回答的是我们提供的是什么，营销模式回答的是如何把东西卖出去，赢利模式回答的就是如何赚钱。

4. 组织篇

星巴克创始人霍华德·舒尔茨说过："如果你想盖100层的大楼，你先要打能够支撑100层大楼的地基。"

有了战略选择之后，我们就需要着力去思考我们的组织了。当组织的基础设施无法满足这个组织发展规模的时候，就会产生组织成长之痛。很多组织的业务发展得很快，能够弯道超车，可惜的是组织本身却跟不上这个节奏，最终错失了发展的契机。

在此，我必须认真地表达一个观点：在业务上可以弯道超车，在组织建设上绝对不可以弯道超车。企业的运转过程就像是一个大齿轮带着几十个中齿轮、中齿轮带着成千上万个小齿轮运转的过程，在这个过程中，动能是一步一步传导下来的，在组织建设上根本不可能弯道超车。

很多试图在组织建设上弯道超车的企业，特别是互联网企业，最终都尝到了组织跟不上业务的苦头，比如乐视网。

从行业，到客户，到战略，再到组织，这是企业管理者思考战略落地的

4个关键词，它是一个从外向内、站在未来看现在的过程。当我们带领员工按照这个简明的逻辑去梳理战略规划和让战略落地时，我们会很快统一大家的言行。当我们从这个角度去思考时，我们就会理解任正非为什么会在华为内部反复强调"方向大致正确、组织充满活力"。

★在本文的写作过程中，我受到陈春花老师、杨龙先生的启发较大，在此表示感谢！

无人区

成为领导者·学做领导者

无人区

【任正非语】 我们公司既要握有主航道，又要车轮滚滚，"一杯咖啡吸收宇宙能量"。只有坚决攻进无人区，才没有利益冲突和矛盾。我们是公正的扩张，借力的规则是有利于这个世界共同发展的，大公司不会反对我们，小公司望尘莫及，说也没有用。只有坚决攻进无人区，才没有竞争对手，我们就可以自由飞翔。什么是无人区？第一，没有人给你指明前进的道路与方向；第二，没有规则，也不知道哪儿是陷阱，完全进入一个新的探索领域。过去华为公司都是跟随别人，我们节省了很多开路费；走到今天，我们必须自己开路了。开路，就难免会走错路。

资料来源：任正非在 fellow 座谈会上的讲话，2016 年 5 月 5 日、5 月 6 日、5 月 17 日、5 月 18 日。

《华为基本法》起草者之一、华为首席管理科学家黄卫伟教授有一句非常精辟的论断——"企业的长期战略本质上是围绕怎么成为行业领导者、怎么做行业领导者展开的。"这个论断得到了任正非的高度赞扬，最终被选为《以客户为中心》开篇的第一句话，这句话和"无人区"有很密切的关系。

无人区，本意是指无人居住、荒无人烟的地带。大家对"无人区"的认知，可能源于宁浩在 2013 年执导的国内首部西北公路片《无人区》。电影《无人区》的主要拍摄场地集中在敦煌、哈密、吐鲁番、克拉玛依等地的戈壁沙漠。

2016 年 5 月之后，在华为内部，"无人区"突然成为热门词汇，这与宁浩的那部电影没有直接关系，而与任正非在全国科技创新大会上的一次汇报有关。

2016 年 5 月 30 日，全国科技创新大会在人民大会堂召开，两院院士齐聚一堂。在如此高规格的大会上，任正非作了"为祖国百年科技振兴而努力奋斗"的汇报发言。谈到未来，任正非说，在未来二三十年，人类社会将演变成一个智能社会，其深度和广度是我们目前还想象不到的。如果企业不能坚持创新，迟早会被颠覆。作为通信领域的领军企业，华为也感到很"寂寞"。任正非称，华为"正在本行业逐步攻入无人区，处在无人领航、无既定规则、无人跟随的困境""已感到前途茫茫，找不到方向"。在这样的背景下，华为将迎难而上、坚持创新，以战略耐性和巨大投入追求重大创新，用最优秀的人去培养更优秀的人。

有人会说：华为发展得这么好，任正非这么说是不是有点矫情？我认为任正非还真不是矫情才说这番话的。

2013 年是华为发展史上具有里程碑意义的一年，在这一年，华为的营业收入 2 390 亿元（约 395 亿美元），超越了爱立信（约 353 亿美元），坐上了全球通信设备商的头号交椅。从 1987 年创立到 2013 年，在这 25 年中，华为一直为成为一位领导者而努力奋斗，用华为原董事长孙亚芳的话说就是"不得不走在成为世界第一的路上"。但在这 25 年中，因为华为不是行业老大，所以它采用了一种很聪明的策略来生存与发展，那就是跟随与对标。当老二、老三其实是件挺幸福的事，老大制定了标准，蹚出一条路，能行得通，你就快速学习跟进；老大在前面栽了跟头，你就得当心，不要也跟着栽在同一个坑里。因此，华为人形成了一种思维模式，即每次开发一个新东西，大家不约而同地想：业界的最佳实践是什么？也就是行业老大是怎么做的。

在华为运营商业务的汇报 PPT 中，经常有一个"E///"代号，这个代号代表爱立信公司，因为爱立信的 LOGO 就是斜线三撇。

比如在客户策略上，爱立信提出"帮客户赢"；与它对标，华为提出了"优质资源向优质客户倾斜"的方针。

在交付领域，华为与爱立信对标，学习两点：第一，按站点发货；第二，缩小合同验收规模。

在管理人均效率方面，华为经常把自己的人均效率与爱立信的人均效率量化比较，督促华为各部门改进。

在财务管理领域，华为也向爱立信学习，根据爱立信的管理实践，华为财经归纳出自己的口号——"五个一"。要实现这个目标，首先要账实相符；账实相符要有一个工具支撑，所以华为就引进了 LTC[○]流程变革。

任正非去巴塞罗那通信展，特意跑到爱立信展台去看，回来后和大家说："我这次去爱立信展台看到，爱立信只给客户讲客户的痛点，它的咨询专家在客户来之前就已经研究过了要对客户讲哪一点，然后就把这一点给客户讲透，讲完之后客户愿意继续看就自己看。我们现在的展厅展览活动像接待小学生一样，让每个人都从头到尾看一遍，接待人员对每个人都从 ABC 讲起……

○ Leads To Cash，从线索到现金的企业运营管理思想。

我们的接待人员不是以咨询专家的身份出现的，而是以讲解员的身份出现的。我们也要直接切入、深层次地揭示客户的痛点是什么，然后讲我们的解决方案是什么。"

大家有没有发现，华为与很多公司有一个非常不一样的地方。很多公司是以蔑视的态度看待竞争对手的，在公司内部形成"竞争对手也不过如此"的论调，从而让公司员工很有自豪感，这就导致一个很不好的结果：既然竞争对手这么差，自己这么好，还有什么可改进的，从而使组织进入故步自封的状态。与之相反，华为看待竞争对手就像在看一位老师，它总是能看到竞争对手的长处，有好的东西赶紧学，量化指标去学，集体去学，公开去学，学完再与竞争对手在市场中竞争，"师夷长技以制夷"。

华为后来进入智能手机市场，内部一直在对标苹果公司。在华为消费者业务的汇报 PPT 中，"苹果"是一个高频词，对消费者的消费趋势或市场需求，苹果公司是怎么看的、怎么做的，华为与它的差距在哪里……华为对此都做了详细的分析。从 2015 年 Mate7 引爆市场后，华为手机在 3 ~ 4 年内迅速成为手机业务全球老二，未来成为全球老大也不是没有可能。

华为就是这样一步一步跑赢曾经的竞争对手的。所以我在讲授"华为管理之道"课程时，反复强调一点，业界企业向华为学习，首先要学一点：华为是如何学习别人的？世界上很少有企业是靠复制别人获得成功的，华为也不例外，它在学习别人的基础上不断改进，最后比老师干得还好！

你有没有发现，这种"对标"有一个前提条件：华为必须是跟随者。2013 年以后，华为超越爱立信成为通信行业的领导者之后，它开始困惑了：

第一，它已经是行业领导者了，就不能回头看跟在它后面的老二、老三是怎么做的；第二，它必须承担起行业领导者的责任，要做好"领头羊"，为推动行业的发展做出自己的贡献，就像当年的那些领导者一样探路。这时，华为发现：技术创新的难度虽然大，但改变18万人的思维惯性更困难。这就是我认为任正非2016年5月30日在全国科技创新大会上谈华为进入"无人区"困惑的关键原因。

在此，我总结一下华为应对走进无人区的对策。

（1）加大对基础研究的投入：汇聚全球科学家，投入大量技术精英力量，成立2012实验室；从工程数学、物理算法等工程科学的创新研发逐步进入基础理论研究。

（2）多路径、多梯队、饱和攻击：组织在向无人区前进的过程中，只要多路径，就不会僵化；只要多梯队，就不会惰怠。因为每一个梯队在向上冲锋的时候，他们的视野已经聚焦在那个山头上了，所有外围的东西都看不见，也都不想了，一心只想攻上山头。第一梯队攻上山头后，精力已经消耗殆尽，就该第二梯队上了，第二梯队的任务就是开阔视野，关注星空，扫清外围。所以，只要保留多路径、多梯队，组织就不会僵化、惰怠，就能在大信息流量传送这个问题上攻进无人区。

（3）一杯咖啡吸收宇宙能量：人才政策开始调整，容忍"歪瓜裂枣"，允许黑天鹅在华为的咖啡杯中飞起来。华为应加大对不确定性研究的投入，鼓励几十个能力中心的科学家和数万名专家与工程师加强交流，彼此思想碰撞，一杯咖啡吸收别人的思想火花与能量，把战略技术研讨会变成一个"罗马广场"、一个开放的科技讨论平台，让思想的火花燃成熊熊大火。

……

凡事都有两面性，华为从 2G 时代的落后、3G 时代的追赶，到 4G 时代的赶超，再到 5G 时代的领先，现在终于进入无人区。对华为来说，无人区的创新突围很艰难；但进入无人区，因为竞争对手还没有赶上来，就踩不到别人的脚，商业生态环境就会改善，华为的产品议价能力也就更强，其市场前景也会更加广阔。

"欲戴皇冠，必承其重！"自古强者都是孤独的！我相信华为会当好强者。

2012 实验室

无人区的突围之道 · 打造华为的挪亚方舟

漫画绘制：芥末花枝

2012 实验室

【任正非语】 2012 实验室在瞄准未来构筑一些高端技术的过程中，还是要敢在主航道上向前冲。人工智能研发技术越难越要搞，不要去做一些小商品，挣些小钱，趁着这几年我们有钱，要大力投入，加快建设步伐，让服务用上最先进的工具。这些技术马上具有实用性还需要一些时间，我们要有这个战略耐心。

资料来源：任正非在华为 2012 诺亚方舟[⊖]实验室座谈会上的讲话，2016 年 8 月 10 日。

《2012》是一部关于全球毁灭的科幻电影，由罗兰·艾默里奇执导，约翰·库萨克、桑迪·牛顿、阿曼达·皮特和切瓦特·埃加福特等联袂出演，于 2009 年 11 月 13 日在美国上映。这部电影讲述了主人公以及世界各国人民在世界末日到来前挣扎求生的经历。灾难面前，尽显人间百态。

华为是一家对技术创新有持续追求的公司，任正非在一次讲话中提到："以客户为中心讲多了以后，我们可能会从一个极端走向另一个极端，会忽略以技术为中心的超前战略。将来我们以技术为中心和以客户为中心两者是拧麻花的，一个以客户需求为中心做产品；一个以技术为中心做未来架构性的平台，加大前瞻性、战略性投入，构筑华为面向未来的技术优势。"

华为在全球有 16 个研发中心，受到《2012》这部科幻电影的启发，华为

⊖ 根据《现代汉语词典》（第 7 版）中的规范，首选词为"挪亚方舟"，因该实验室为华为自主命名并被广泛传播，故此处沿用"诺亚方舟"。——编者注

在 2011 年创建了以面向基础科学研究为主的"华为 2012 实验室"，专注于对信息与通信技术领域前沿技术以及未来不确定性的探索，这也符合西方领先大公司管理体系的惯例。任正非认为，人类社会正处在一个转折时期，未来二三十年内将变成智能社会。智能社会就是信息大爆炸的社会，将充满巨大的机会。但因为数据洪水涨得太猛了，那些没有方向的奋斗是不可能产生价值的。以强危机感著称的华为需要在信息洪流中构筑一艘面向不确定性的挪亚方舟，构建未来 10～20 年的生存能力，成为未来少数能活下来的公司之一。

2012 实验室是华为的"创新特区"，据统计约有 1.5 万人。它是华为创新、研究、平台开发的责任主体，也是华为探索未来方向的主力团队，更是公司整体研发能力提升的责任者。它代表着华为未来的核心竞争力，也代表着华为自身的基础研究水平。在这里，有一批世界领先的前沿科学家和研发人员，他们正在研发一些很前端的基础科学技术。

只有对很前端的基础科学技术持续投入，才能领航行业。也正是依托这些庞大的专家群，华为才能把无边界思想变得有边界，使之导向华为的下一个成功。

2012 实验室主要面向的是未来 5～10 年的发展方向，在华为有着极高的战略地位。它的主要研究方向有新一代通信、云计算、音频视频分析、数据挖掘、机器学习等。2012 实验室的二级部门包括中央硬件工程学院、海思、研发能力中心、中央软件院。据统计，在 18.8 万华为人中，有接近一半的人从事研发工作，几乎可以说"每两个华为人中就有一位是研发人"，这是迄今为止全球规模最大的研发团队。过去 30 年，华为的研发经费累计超过 3 000 亿元。华为从创立之日起就长期坚持将销售额的 10% 以上投入研发工作，曾经长期主管研发的常务董事丁耘说："低于 10%，我是要被开除的。"在华为，每年研发经费的 30% 要投入基础研究中，而且华为对基础研究还允许有很高的失败率。

2012 实验室旗下知名度最高的是挪亚方舟实验室，这个实验室主要围绕人工智能开展研究工作。它设在中国香港科学园，聘用了来自全球各地的科研人员从事基础研究工作。该实验室下设自然语言处理和信息检索部门，例如大规模数据挖掘和机器学习部门、社交媒体和移动智能部门、人机交互系统部门、机器学习理论部门等。

如果你有机会去华为深圳坂田基地，你就会发现园区周边的路都是以科学家的名字命名的，比如贝尔路、稼先路、隆平路、张衡路、冲之大道、居里夫人大道……。同样，2012 实验室旗下除了知名的挪亚方舟实验室，还有很多以世界著名科学家命名的神秘实验室，包括香农实验室、图灵实验室、欧拉实验室、高斯实验室、谢尔德实验室等。

香农实验室：主要基于大数据的高通量计算 HTC 开展研究工作。

谢尔德实验室：主要基于网络安全、终端安全、云虚拟化安全、密码算法开展研究工作。

高斯实验室：主要基于数据库管理系统开展研究工作。

图灵实验室：主要基于嵌入式处理器内核架构开展研究工作。

欧拉实验室：主要基于自有操作系统开展研究工作。

......

另外，2012 实验室在欧洲、印度、美国、加拿大、日本等地区设立了海外基础研究所，都是以当地的世界领先技术作为研究基础。这些研究所的研发人员少则 300 人，多则上万人。他们始终紧盯主航道，确保华为不在非战略机会点上消耗战略竞争力量。

法国数学研究所，旨在挖掘法国基础数学的资源，致力于通信物理层、网络层、分布式并行计算、数据压缩存储等基础算法开展研究工作，长期聚焦 5G 等战略项目。

俄罗斯研究所，集结了俄罗斯当地的基础算法领军人才，旗下有 7 个能力中心：非线性能力中心、算法工程化能力中心、最优化能力中心、信道编译码能力中心、信源编解码能力中心、大数据分析能力中心、并行编程能力中心。

加拿大研究所，主要进行 5G 核心竞争力研究，办公地点分布于渥太华、多伦多、蒙特利尔和滑铁卢等多个城市。

日本研究所，主要从事高端材料研究工作。

印度研究所，主要从事软件工程研究和交付工作。

你会发现，业界主张"筑巢引凤"，但华为并没有这么做。华为认为，1% 的人才是很难通过培养得来的，只能通过"发现"。对于这种人才，华为是很"迁就"的。为了招揽一位顶尖的科学家，华为愿意在他的家乡建立一个研究所。比如，隆巴迪（Renato Lombardi）先生是全球著名的微波研究专家，为了他，华为将微波研究中心设在了他的家乡意大利米兰；克里纳

（Martin Creaner）先生是全球知名的商业架构师，华为为他在爱尔兰科克市设立了研究所。华为这么做的目的是：让科学家能够安心搞研究，让人才能在最佳状态下发挥其价值。

2012 实验室代表着国内顶级的研究水平，在全球也有着巨大的影响力。尽管如此，任正非认为，华为目前的创新还停留在工程领域的创新，而不是在技术理论领域的创新，后续应该在基础研究上下功夫。2016 年 5 月 30 日，全国科技创新大会在人民大会堂举行，任正非当着两院院士的面说："华为现在的水平尚停留在工程数学、物理算法等工程科学的创新层面，尚未真正进入基础理论研究领域。随着逐步逼近香农定理、摩尔定律的极限，而对大流量、低时延的理论还未创造出来，华为已感到前途茫茫，找不到方向。华为已前进在迷航中。"

但我认为，华为骨子里是"工程商人"。华为虽然有了 2012 实验室，但未来还将进一步加强在面对客户的应用型研发方面的投入力度，还会持续做出市场需要的产品。

★在本文的写作过程中，我受到华为管理顾问田涛老师的启发很大，在此表示感谢。

针尖战略

抢占无人区·一针捅破天

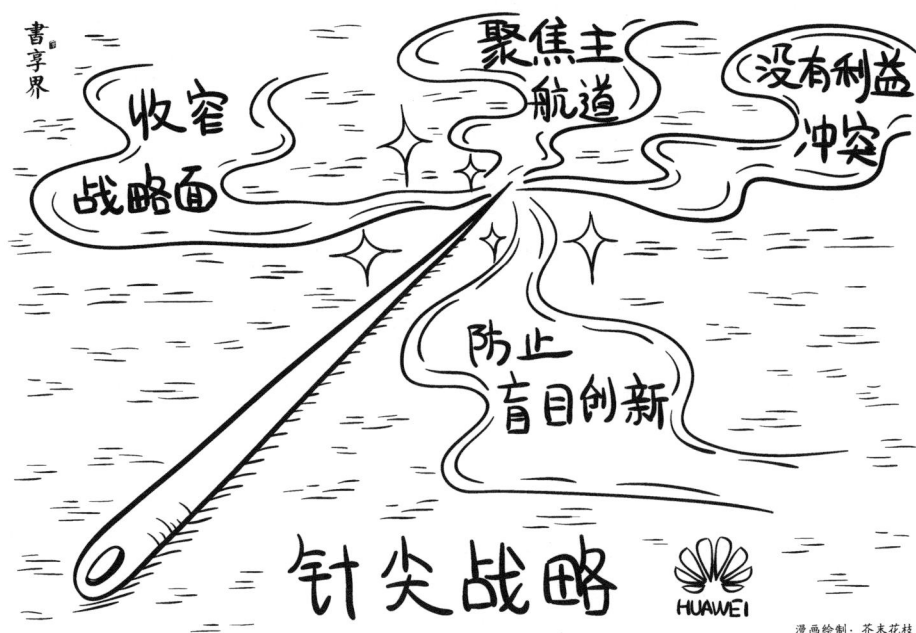

收窄战略面　聚焦主航道　没有利益冲突　防止盲目创新　针尖战略　书享界　HUAWEI

漫画绘制：芥末花枝

针尖战略

【任正非语】我有一个想法，针尖战略的发展，其实就是和平崛起。我们逐渐突进无人区，踩不到各方利益集团的脚，就会和平崛起。我们坚持这个战略不变化，就有可能在这个行业领先，实际上就是超越美国同行。

资料来源：任正非在人力资源工作汇报会上的讲话，2014 年 6 月 24 日。

华为的战略是"主航道战略""管道战略"，一些媒体看到华为的业务非常聚焦，用的是"一针捅破天"的方法，它们就提出了一个更加形象的新名词——"针尖战略"。任正非对此非常认同，认为这道出了华为战略的真谛。后来有人总结："针尖战略"与"艰苦奋斗""自我批判"并称为华为走向成功的三大法宝。

2013 年是华为发展史上具有里程碑意义的一年，在这一年，它超越了爱立信，坐上了全球通信设备商的头号交椅。从那一年开始，华为不断收窄作业面，采用大压强原则，主张在主航道上坚持多路径、多梯队、多场景化的道路纵向进攻，不做横向进攻。横向进攻就是企业采取多元化战略，抢了许多山脚，无法形成制高能力，还要踩别人的脚，从而引发一系列冲突。为了解决这一系列冲突，企业还要消耗一部分能量（如打官司），这对抢占制高点非常不利。大信息流量的制高点，参与竞争的人其实很少或没有竞争对手，这样，华为就不会与他人产生利益冲突，而且将来的价值链很长。华为使用针尖战略，形象一点说就是冲到最前面，突出领先性，抢占"无人区"，没有竞争对手，踩不着别人的脚，就不用与别人发生利益冲突。

华为要求每一条产品线、每个区域都要用"针尖战略"突进无人区，坚持不在非战略机会点上消耗太多的战略竞争力量，尽量不踩其他利益集团的脚，这样商业生态环境就会有所改进，凡是进不了不可替代区的产品，要苛以"重税"，抑制它的发展。

另外，任正非是一个抬头看路的人，他看到那些成功的美国公司，其大多数的业务也是非常聚焦的。任正非很谦虚地说："华为要超越美国同行，只能在针尖大的领域里领先美国公司，如果扩展到火柴头或小木棒这么大，就绝不可能实现这种超越。华为只允许员工在主航道上发挥主观能动性与创造性，不能盲目创新，分散华为的投资与力量。非主航道业务，还是要认真地向成功的公司学习，坚持稳定、可靠地运行，保持合理有效、尽可能简单的管理体系。要防止盲目创新，四面八方都唱响创新之歌，那它就是我们的葬歌。"

针尖战略，说起来容易，实施起来很难，因为这是人性对欲望的克制，是在与诱惑做斗争。打一个比方，当人们经过一大片挂满水果的果园去稻田地耕种时，多少人会经不住诱惑驻足采摘？但任正非不会，这就是任正非和一般企业家的差异，他有极强的战略定力。

成功不是未来前进的可靠向导

华为公司不需要历史 · 构建万物互联的智能世界

成功不是未来前进的可靠向导

【任正非语】 华为公司过去的成功，能不能代表未来的成功？不见得。成功不是未来前进的可靠向导。成功也有可能导致我们（相信）经验主义，导致我们步入陷阱。历史上有很多成功的公司步入陷阱，例子很多。时间、空间、管理者的状态都在不断变化，我们不可能刻舟求剑，所以成功是不可复制的。能不能成功，在于我们要掌握、应用我们的文化和经验，灵活地去实践，这并不是一件容易的事情。

资料来源：任正非于 2011 年 1 月 17 日在公司市场大会上的讲话，总裁办电邮文号［2011］04 号。

华为是一家非常不注重"历史"的企业。你到很多企业去交流，都会被带到企业历史陈列馆，它们会给你讲一遍企业的发展史，这一路创造了多少辉煌的业绩。当你有机会走进华为深圳坂田基地或华为松山湖溪流背坡村时，你会发现，几乎找不到与"华为历史"有关的任何东西，更不用说"华为公司历史陈列馆"了。华为不想和你谈历史，只想和你谈未来。华为只会告诉你：未来 5G 时代多么美好，华为如何致力于把每个人、每个家庭、每个组织带入数字世界，构建万物互联的智能世界。因为，华为的生存理念是：只有成长，没有成功。一切成功都只是暂时性的。

一家注重"历史"的公司，往往对自己走过的路有着满满的自豪感，从而不自觉地形成了"路径依赖"，当它面对新机会时，按照经验主义去刻舟求剑就成为它的思维惯性。但是，成功不是未来前进的可靠向导。企业生命的延续，也遵循生物学的进化法则：在外界环境缓慢变化时，持续积累是优势；而在外界环境快速变化时，要警惕依赖过去经验造成的发展障碍。华为认为，总结和扬弃的原则是：和人性相关的管理经验，未来可能依然适用；和业务、环境相关的经验，可能会发生变化，不能路径依赖。华为在30多年的探索实践中得出：开放是企业进化的前提。企业只有保持开放和空杯的心态，洞见和吸纳外部信息，才能创新，才不会成为孤岛，才有机会改变、迭代和进化成始终适应时代的领先企业。

很多企业认为，只要铆足了劲把企业做"大"，就能抵御生存风险。在地球上，曾经有一个物种的个头比人类大得多，而且统治这个星球的时间比人类的历史还长得多，它统治了1.2亿年（人类出现只有600万年），但它现在已经不复存在，它的名字叫恐龙。因此，生物学家达尔文说："在快速变化期，能生存下来的并不是最强壮的，也不是最聪明的，而是那些对变化反应能力最强的物种。"

如今，企业所处的经营环境，正从慢节奏、较高确定性的"工业时代"走向快节奏、超高不确定性的"数字时代"，时间轴在急剧缩短，以至于前两年还很有效的经营方法，今年已经失效。大企业曾经赖以为生的"规模"优势，变成了"船大难掉头"的劣势。过去的成功经验，反而成为禁锢团队开拓新局面的镣铐。所以，那些有先见之明的大企业，都在组织层面干一件事：把组织做小。比如，海尔把自己拆解为2 000多个"小微"，华为把"作战"单元从"师长的战争"变为"班长的战争"。业界近几年掀起的阿米巴模式热，也是在通过组织变革，让企业保持灵敏的触角，能对外界环境的变化做出快速的反应。

华为的这种超强的灵敏性，帮助它形成了很独特的商业模式。

华为本来是一个典型的To B模式的企业，但是今天看来，华为是全世界唯一一家把3种销售模式在同一个品牌下跑通的企业。这3种模式分别是：To 大 B，To 小 B，To C。华为的竞争对手爱立信做网络设备，但它不做中小企业的业务，也不做消费者的业务，而且很早就把手机业务卖掉了。诺基亚早些年做手机和网络设备，但后者成本很高，就把网络设备业务与西门子合并了，它也不再面向中小企业客户提供服务。华为的厉害之处是，把三者都跑通了。

第一类是面向大企业级客户。华为在做运营商业务的时候，国内只有3家客户：中国移动、中国联通、中国电信。其实，其他国家一般也只有几家电信运营商，全球潜在客户总共不到400家，这种是典型的面向大企业级客户的生意，由华为运营商BG在做。很多人好奇，为什么早些年华为不搞宣传，为什么任正非那么低调不接受媒体采访？这是由它的商业模式决定的，面向消费者端宣传对做大市场份额没有丝毫帮助，倒不如认认真真地把设备做好，把服务做好，获得运营商客户的认可。当时华为的竞争对手是诺基亚、爱立信、阿尔卡特、朗讯、北电等，华为将它们一个一个地超越了。这些曾经的巨头为了避免被市场淘汰，采用了结盟的方式，诺基亚和西门子合并成为"诺西"，阿尔卡特和朗讯合并成为"阿朗"，但合并后的业务联盟并没有扭转颓势。

第二类是面向中小企业客户，由华为企业 BG 负责。华为发现，只面向大企业级客户的电信运营商，业务增长很快会遇到瓶颈，于是它开始面向中小企业客户提供服务。但是，面向中小企业的销售模式和面向大企业的销售模式完全不同，华为不可能用面向大客户的人海战术去服务这个市场，因为无论从产品、销售还是营销策略来说，其中都存在很大的差异。在面向中小企业客户时，华为在国际上的竞争对手包括思科，在国内的竞争对手包括联想、浪潮、H3C 等，现在华为在这个领域的业务增长形势喜人。

第三类是面向个人消费者，由华为消费者 BG 负责，它现在的负责人是余承东，主要产品有手机、笔记本电脑、智能手表等。在早年间，华为认为自己主要是面向企业客户的，没有服务消费者的经验，只擅长做又粗又大的网络设备，做不了那么秀气小巧的手机。但华为很会变通，通过运营商转售模式（B2B2C）一直走到现在自有品牌的 B2C，它走出了一条具有自身特色的路。

最让人叫绝的是，华为做这 3 种商业模式时，采用的是同一套人力资源管理模式，这在全世界都是独一无二的案例。管理的核心命题是什么？那就是激活人的能力。对经营环境变化超级敏感、洞悉人性的任正非，甚至掷地有声地说出"华为不需要历史"，华为不被"基因论"和"宿命论"绑架，不被过去的能力局限，让华为员工不再一步三回头，不再迷恋技术，不再依赖经验，过去的成功不是未来前进的可靠向导，唯有客户需求和市场洞悉才是未来前进的可靠向导。

歪瓜裂枣

寻找华为的"贝多芬"·让顶尖人才在华为"生蛋"

书享界

歪才和怪才

漫画绘制：芥末花枝

歪瓜裂枣

【任正非语】优秀人才大多都是"歪才"。在座的各位能接受贝多芬到华为应聘吗？谁曾想，耳朵听不见也能成为音乐家？华为公司要能容忍一些"歪瓜裂枣"，容忍一些不太合群的人，允许他们的思想能在公司发酵。所以"心声社区"允许员工批评公司，这些帖子我都会看，看看他们批评的是哪一点，找些领导来看看这点是否真正有问题。如果真有问题，我们就做出改进。

资料来源：《IPD 的本质是从机会到商业变现》，任正非在华为公司 IPD 建设蓝血十杰暨优秀 XDT 颁奖大会的讲话，2016 年 8 月 13 日。

华为的人才分为两类：99% 和 1%。

对于 99% 的普通人才，华为要求他们必须走"之"字形成长路线，他们既要拥有一线业务经验，还要在研发、销售、服务、机关等多个岗位上锻炼过。

1% 的开创性人才，从严格意义上讲属于"天才"。我们必须承认，人与人之间是有天赋差异的，那些从 0 到 1 做出创造的人，还真不是靠后天勤奋在各个岗位折腾就能折腾出来的。

在 2013 年之前，华为要求干部和专家要走"之"字形成长路线；2013 年华为超越爱立信领航全行业之后，需要做更多从 0 到 1 的事情，因此对 1% 的人才求贤若渴。企业发展阶段的不同，实施的人才政策也有很大差异。

任正非把华为的一些"歪才""怪才"比喻成"歪瓜裂枣"。"歪瓜裂枣"是指那些绩效不错，但在某些方面不太愿意遵从公司规章、流程的人，尤其是一些技术专家，他们都有着自己的个性和习惯。任正非说："华为要宽容'歪瓜裂枣'的奇思异想，以前一说歪瓜裂枣，他们把'裂'写成劣等的'劣'。我说你们搞错了，枣是裂的最甜，瓜是歪的最甜。他们虽然不被大家看好，但我们看好这些人。今天我们重新看王国维、李鸿章，实际上他们就是历史上的'歪瓜裂枣'。我们要理解这些'歪瓜裂枣'，并支持他们，他们可能超前了时代，令人不能理解。你怎么知道他们就不是这个时代的梵高，这个时代的贝多芬……"

任正非之所以这样认为，是因为他从二战之后的全球人才转移潮中洞察到人才布局的重要性。二战后曾经有一次人才大迁移，是 300 万犹太人从苏联迁移到以色列，促进了以色列的高科技发展；当前，世界将又一次出现人才转移潮。华为在世界各地都设有科研中心，在俄罗斯做数学算法研究，在法国做美学研究，在日本研究材料应用，在德国研究工程制造，在美国研究软件架构……在华为海外 16 个城市建立的研发机构，外籍专家占比高达90%。这些顶尖人才想在哪里，华为就可以将研发中心设在哪里。任正非呼吁要热情拥抱人才大转移，华为既有资金实力，又有平台保障，不要错过天赐良机，只有这样，华为才能获得对未来结构性、思维性的突破。这是一个黑天鹅满天飞的时代，尽管黑天鹅是难以预测的，但是华为可以在黑天鹅的栖息地进行人才布局，最大限度地网罗黑天鹅，捕捉黑天鹅带来的 ICT 科技跃变。

任正非特别羡慕谷歌公司的选才方式，因为这种方式，谷歌网罗了很多顶尖人才。为了让华为内部敢于破格提拔人才，让优秀人才脱颖而出；敢于引入顶尖人才在华为安心"生蛋"，任正非举了古今中外多个案例。

霍去病功成名就时才二十几岁。对比华为研发目前的职级，充其量也就是 17 级，17 级相当于校官，但霍去病实际上应该是上将军。

1996 年出生的曹原，现在是麻省理工学院的博士，已经在《自然》（Nature）杂志上发表了两篇关于石墨烯的论文。这样的人才如果被招进华为，华为敢不敢给他 19、20 级？现在华为研发团队 19 级员工的平均年龄居然接近 40 岁。

格雷戈尔·孟德尔从豌豆的种植中发现基因理论以后，200 年间世界上没有人理解这个基因理论，200 年后，基因理论才开始慢慢被人们理解和接受。

曾被邀请到华为讲"关于队伍的灵魂与血性"的金一南将军，是国防大学战略研究所所长，他在华为讲课 3 次，任正非每次都跑去听，而且全程听完，但你仔细看金一南将军的简历，他曾是图书馆管理员。

华为最早的电源团队的一名主力曾经是位牙科医生。

......

任正非在内部举了大量此类案例，就是希望公司用人部门和人力资源部能够针对不同类型的人才制定差异化的管理政策与机制。任正非认为，华为针对外部高端专家人才要用"众筹快闪"式的管理方法，没必要捆绑一个科学家 20 年，他进来只干三五年也不要紧，只要达成业绩目标，他该拿多少就拿多少，也许不少于他在普通企业待 20 年的所得。在科学的道路上，华为不要压制不同见解的人，要有不同的观点，才叫多路径，只有这样，未来走的路才会越来越宽广。

管理者的一个重要挑战是：如何合理评价顶尖人才，让他们真正地发挥自己的价值并使他们获得与其贡献相符合的回报。任正非呼吁：管理者要在华为价值观和导向的指引下，基于政策和制度实事求是地去评价一个人，而不能僵化地执行华为的规章制度。在价值分配方面，管理者要敢于为有缺点的奋斗者说话，要抓住贡献这个核心要素，不能求全责备。"怪才"在一些方面会与常人有所不同，对于这些人，管理者要多看到他的长处，给人才创造一个良好的、能发挥其才能的环境，用其所长。

华为原来的人才机制是金字塔结构。金字塔是封闭的系统，它限制了组织模型的升级，形成了薪酬天花板。因此，华为打开了人才金字塔塔尖，从而形成了开放的人才系统和组织架构，这样才能容纳世界级的人才，为各类人才打造职业上升的通道。华为通过引进多种学科的人才，从而构筑对华为有长远影响的技术知识体系。华为不仅招聘了通信、电子工程类人才，甚至还招聘了一些学神经学、生物、化学、材料、理论物理、系统工程、控制论、统计学等专业学科的人才。

堂·吉诃德

因为相信·所以看见

漫画绘制：芥末花枝

堂·吉诃德

【任正非语】在新的机会点上要敢于站在世界大公司的前面来。所以，华为公司从创业到现在，有人说我们是堂·吉诃德，为什么呢？就是因为我们从来都是把每一个产品研究的定位点定位在与国际接轨上，定位在产品必须具有世界先进水平，而不是定位在只满足国内客户的需求上。这就是务虚，抓住机会，牵引公司前进，在前进的过程中，公司旧的平衡被破坏，重新进行新的平衡，那么公司就上了一个新的台阶。

资料来源：《抓住机遇，调整机制，迎接挑战》，上海邮电—深圳华为管理研讨会上的汇报，1997 年 5 月 30 日。

《堂·吉诃德》是西班牙作家塞万提斯创作的一部长篇小说。小说描写了一位穷乡绅沉迷于骑士小说，不能自拔，时常幻想自己是位中世纪的骑士。因此，他化名堂·吉诃德，穿上盔甲，骑上一匹瘦马，带上侍从桑丘，游走天下。他们一路上把风车当巨人，把羊群当军队，吃尽了苦头，闹出了许多笑话，最后无功而返，临终前，这位穷乡绅才恍然醒悟。

后来，堂·吉诃德这一名字变成了脱离实际、热爱幻想、主观主义、迂腐顽固、落后于历史进程的同义语。在 20 世纪 80 年代末，通信设备市场竞争非常激烈。当时华为刚刚成立，想要发展壮大是一种脱离实际、疯狂的想法。任正非用堂·吉诃德来形容当时的华为。他说，华为当时就像一只蚂蚁，站在大象的脚下，喊着要长得像大象一样高，这就是现代版的堂·吉诃德。

现在，华为已走到了通信业的前沿，回望过去，那些手拿长矛、跌跌撞撞开拓市场的记忆却依旧刻骨铭心。2019 年 4 月 29 日，我考察了华为东莞松山湖溪流背坡村"欧洲小镇"、华为南方工厂 P20 手机生产线、华为深圳坂田基地 2012 实验室，再度感受到了任正非的"堂·吉诃德"式精神，感触颇多，写了如下文字。

1. 因为相信，所以看见

《乔布斯传》作者艾萨克森曾说："那些疯狂到以为自己能够改变世界的人，才能真正改变世界！"这句话用在乔布斯身上合适，用在任正非身上更合适。当我走进松山湖总部基地溪流背坡村，看到投入 140 亿元建设的"欧洲小镇"时，我想起了 1998 年任正非力排众议在几近荒无人烟的坂田村建立华为基地的情景。只有这样大格局、大勇气、敢于承担战略风险的人，才能做出影响全世界的事。

2. 恪守边界

任正非是这个时代的商业巨人，我个人认为他的厉害之处在于：哪怕内心很狂热，表现在外的却是十足的谦卑以及难能可贵的"克制"（任正非在 2019 年 4 月接受美国 CNBC 记者专访时谈道："华为自创立以来，30 多年来一直夹着尾巴做人"）。这就像华为松山湖手机生产线墙上的那句话——"真正的强者，始终保持谦卑和学习的心态"。这是智者的生存之道。那些成大事者，除了持续奋斗，还得持续克制自己的欲望，时刻知道自己的边界在哪里。任正非的边界是商业。

3. 只有"肥田"，谈"壮牛"才有意义

从松山湖基地的红色小火车里走出来，摸着仿意大利角斗场建筑外的石头时，我想到的是：经营和管理，经营永远是第一位的，管理是第二位的。这里每一块进口的石头都是雄厚资金实力的展现，没有经营上的丰厚利润，就无法在管理的软硬件上投入太多。华为所在的行业是高投入、高回报、战略护城河很宽的行业，这是可以持续耕耘的赛道。赛道是第一位的。我们看到地主家的牛很壮（管理得好），需要先看到地主家的田地很多且土壤肥沃（经营得好）。

4. 财聚人散，财散人聚

99% 的人，面对财富的第一冲动是"聚"，把这些钱据为己有，钱成为他们追求的目标。只有 1% 甚至更少比例的人，面对财富的第一冲动是"散"，把这些钱散出去，钱成为他们实现理想抱负的工具。毫无争议的是，任正非属于后者。

林志玲的美

是金子就会发光·"西"方不亮"东"方亮

林志玲的美

【任正非语】多年来，美国的一部分人和媒体长期歪曲、攻击我们，这说明我们的美丽已经让他们嫉妒，难道林志玲的美是歪曲就可以改变的吗？她的光芒是嫉妒可以阻挡的吗？我们要引以为豪，为信心，我们要更加投入，使我们美丽，更美丽。平等的基础是力量。我们要加大对平台的投入，构建明天的胜利，未来的竞争是平台的竞争。

资料来源：任正非在 2010 年 PSST 体系干部大会上的讲话。

林志玲，1974 年出生于中国台湾省台北市，职业是演员、模特兼主持人。2003 年，她被台湾地区的媒体评选为"台湾第一美女"。从现代流行的审美标准来看，毫无疑问，林志玲是一位大美女。

任正非在华为的多次讲话中，当谈到美好的事情时，经常用林志玲打比方。比如在 2015 年 1 月 8 日他与法务部、董秘及无线员工座谈，当谈到如何进行自我激励时，他说了如下这番话："当你得不到领导的肯定时，自己把自己表扬一通，如果觉得不够劲，还可以对着录音机大喊自己如何好，然后反复播放给自己听，这也是自我激励。当别人不认同、不评价你的时候，你就说自己是林志玲，'我不照镜子，我就是'，这也是自我激励。当然这个美是不谦虚的，是短时间内的自我激励，但说不定你是真美，内涵美。"又比如2018 年 4 月 26 日他在战略预备队述职会上发表讲话，当谈到战略预备队成绩要真实有效时，他说道："不是学员在战略预备队'洗过澡'，就算作战略预备队的成绩……战略预备队应该从实战出发，给学员赋能新的作战方法，学员在实战中运用这个方法并做出了贡献，这才是战略预备队的成绩。"

任正非以林志玲的美比喻华为的美，反映出他对华为的自信与自豪，同时也反映出他的审美观与时俱进。

西方部分媒体长期以来丑化华为，美国政府甚至动用政府权力对华为的正常商业行为进行持续的打压，这让任正非有点激愤。他认为"林志玲的美"不是谁泼脏水就能否定的，"华为的美"也不是部分媒体说怎样就是怎样的。尽管美国信息通信市场很大，但美国仅仅是世界的一部分，而且华为在美国市场的营业收入占华为整体营业收入的比重很小，我们有理由相信，只要华为坚持以客户为中心，持续给客户创造价值，"西"方不亮"东"方亮，全世界的华为客户终归会给予华为一个公平的回报，"华为的美"就可以持续下去。

后 记
AFTERWORD

在我跟踪研究华为管理模式 15 年的时间里，我要特别感谢两个人：一位是陈春花老师，她向我提供了源源不断的中国企业管理理论，让我看清实践背后的逻辑和脉络；另一位是任正非先生，我的前任老板，他向我提供了一个持续迭代的研究对象，让我看到一个抽象的管理理论是如何变成可落地的管理实践的。

任老板身边的几位管理智囊——黄卫伟教授、吴春波教授、陈培根教授、田涛老师等，他们向业界展示了华为的"管理真经"。他们的管理文章，我经常研习。我认为，没有他们的持续总结和传播，世人对华为管理思想的理解远远没有现在这么清晰和透彻。

感谢这几年在项目合作过程中给予我们大力支持的企业老板们：台湾顶新集团魏应行董事长、三宝集团沙敏董事长、OPPO 陈明永总裁、雷沃重工王桂民董事长、振德医疗鲁建国董事长、金溢科技罗瑞发董事长、亚宝药业集团任伟总裁、奥琦玮集团孔令博董事长、绿瘦健康产业集团皮涛涛董事长、中凯华府集团李瑞清董事长、广州工程总承包集团协安公司刘佳武董事长、华微软件李静董事长、山东鲁华集团曹凯总经理、中国建设银行中山市分行赖小平行长、高科通信陈彦文董事长、至高建材林育辉董事长、中交天津航道局有限公司钟文炜董事长、青岛酷特智能张蕴蓝总裁等。

在本书的写作过程中，我非常荣幸地得到了很多人的大力支持，他们分别是：华为系原高管，清华大学、北京大学、中国人民大学的多位著名管理学家，知名企业家，以及多位企业家社群领军人。

特别感谢华为原副总裁杨蜀先生，他在华为工作17年，26岁当代表，32岁任华为海外区域总裁。他在很早之前就显现出超强的管理天赋，曾拓展并交付华为海外第一单移动智能网和GSM网络商业项目。他拥有丰富的IT、电信、企业、消费电子及电商的综合解决方案，以及国内外市场拓展和全球化企业管理经验。当我邀请他阅读《华为管理之道》后，他说："我不太看市面上写华为的书，为了给你的书作序，我提前阅读了《华为管理之道》，写得很好！等这本书出版后，我会订一批送给我的客户。"在写作这本书时，我之前有一个预设：希望能给不太了解华为的企业家读者一些启发。对于这一点，我是有信心的。但是，能够得到资深华为原高管的点赞和认同，并愿意在百忙之中作序推荐，这就远远超出了我的期望。唯有更加努力，才能对得起这份鼓励和期待！

非常感谢如下大咖对《华为管理之道》的联袂推荐（排名不分先后）：

杨　蜀　华为原副总裁，深圳刷宝科技和标普云科技的创始人、CEO

张鹏国　H3C原副总裁，宇视科技创始人、CEO

俞渭华　华为营销干部培训中心原主任，华友会创始会长

沙　敏　三宝科技集团董事长（香港交易所上市公司）

罗瑞发　金溢科技股份董事长（深圳证券交易所上市公司）

龚翼华　九州通医药集团 CEO（上海证券交易所上市公司）

张蕴蓝　酷特智能总裁

郑贵辉　中创集团总裁

彭剑锋　《华为基本法》起草组组长，中国人民大学教授、博导，华夏基石管理咨询集团董事长

魏　炜　北京大学汇丰商学院管理学教授，"魏朱商业模式"理论创始人

郑毓煌　清华大学经济管理学院博士生导师，营创学院院长

余胜海　财经作家，企业案例研究专家

刘世英　总裁读书会创始人、CEO，中国企业改革与发展研究会副会长，财经传记作家

孟云娟　广东省企业联合会、广东省企业家协会执行会长

郑义林　华董汇创始人，博商会创会秘书长，蓝狮子中国企业研究院顾问

陈雪频　智慧云创始合伙人，小村资本合伙人

唐　文　氢原子 CEO

......

这里要特别感谢一个人——氢原子 CEO 唐文先生，北京大学哲学系高才生。他在 2018 年与叶壮和我合著了畅销书《秒懂力》，共同创办了"北策南企 50 人论坛"。这几年，他毫无私心地带着我拜访了中国的很多独角兽企业、巨无霸企业，是我创办书享界路上首屈一指的贵人。他虽然没在华为工作过，但他总是能对华为的管理实践提出独特的看法，给我带来新的启发。

每一个人的力量都是微弱的，唯有融入组织才可能拥有更强的力量和更

好的未来。感谢九三学社广东省委、广东省企业联合会、广东省企业家协会、广东省人力资源管理协会、广东省首席信息官协会、北策南企 50 人论坛、中国用户体验联盟、中山大学管理学院、中山大学岭南学院、暨南大学管理学院、华南理工大学工商管理学院、华友会培训咨询联盟、华友会华为管理研究院、转型家等的鼎力支持！感谢这些组织的领导愿意带着我共同进步！

2019 年 8 月 24 日，是书享界创办 5 周年的日子。书享界从读书会走向商学院这 5 年的时间里，持续传播华为管理思想。当你打开书享界的公众号时，看到的高频词就是两个："华为"和"任正非"。感谢 15 万书享界粉丝的持续支持，感谢 300 位书享界智库专家及书享界 VIP 会员们的支持，没有你们的持续鼓励和支持，书享界难以坚持走到今天。

最后，感谢人民邮电出版社的袁璐老师。他给予我极大的支持，并向我提供了很多好的建议。同时感谢宋燕老师的专业编辑工作，感谢漫画师王碧华老师的传神插图，感谢人民邮电出版社张渝涓老师等领导的大力支持，让这本书得以如期出版。

还有很多在我成长路上给予我支持的客户、合作伙伴和亲朋好友，因篇幅有限，就不在这里一一列举，感谢你们！海内存知己，天涯若比邻！期待这本《华为管理之道》成为连接你我、共同走向未来的桥梁。

邓　斌

书享界创始人、CEO

华为原中国区规划咨询总监，2005–2016 年服务华为

参考文献
REFERENCE

[1]　黄卫伟.以奋斗者为本：华为公司人力资源管理纲要 [M]. 北京：中信出版社，2014.

[2]　黄卫伟.以客户为中心：华为公司业务管理纲要 [M]. 北京：中信出版社，2014.

[3]　田涛，吴春波.下一个倒下的会不会是华为 [M]. 北京：中信出版社，2012.

[4]　陈春花.经营的本质 [M]. 修订版.北京：机械工业出版社，2016.

[5]　约翰·伯恩.蓝血十杰：美国现代企业管理之父 [M]. 陈山，真如，译.海口：海南出版社，2008.

[6]　吴春波.华为没有秘密 [M]. 珍藏版.北京：中信出版社，2016.

[7]　田涛，殷志峰.枪林弹雨中成长 [M]. 北京：生活·读书·新知三联书店，2017.

[8]　杰里米·里夫金，特德·霍华德.熵：一种新的世界观 [M]. 吕明，袁舟，译.上海：译文出版社，1987.

[9]　彼得·德鲁克.卓有成效的管理者 [M]. 许是祥，译.北京：机械工业出版社，2018.

[10]　田涛，殷志峰.黄沙百战穿金甲 [M]. 北京：生活·读书·新知三联书店，2017.

[11]　田涛，殷志峰.华为系列故事：厚积薄发 [M]. 北京：生活·读书·新知三联书店，2017.

[12]　陈春花，赵海然.共生：未来企业组织进化路径 [M]. 北京：中信出版社，2018.

[13]　田涛，等.迈向新赛道 [M]. 北京：生活·读书·新知三联书店，2018.

人民邮电出版社

天生管理者

分类建议：企业管理/创业

人民邮电出版社网址：www.ptpress.com.cn

ISBN 978-7-115-51609-1

ISBN 978-7-115-51609-1

定价：59.00元